블로그에서 읽는 듯한 생생한 개발 노하우!

시리즈
12

프로젝트 성패를 결정짓는
데이터 모델링
이야기

김상래 지음

한빛미디어
Hanbit Media, Inc.

저자 소개

김상래_ hello.modeling@gmail.com

한국산업은행 데이터 아키텍트. 2001년 삼성SDS에 입사하여 J2EE 개발자 및 데이터 모델러로서 국세청, 삼성생명, 한국증권금융, 특허청 등의 차세대 시스템 구축에 참여했다. 운영과 개발 조직 모두를 경험했고 개발자, UML 모델링 리더, ITSM 설계자, 데이터 아키텍트 역할을 수행하며 시스템을 다양한 관점에서 조망해왔다. 그동안의 경험을 바탕으로 2011년부터 한국산업은행의 운영 시스템과 신규 개발 시스템의 데이터 표준화, 모델 검증, 품질 개선 업무를 수행하고 있다.

Blog2Book

프로젝트 성패를 결정짓는 데이터 모델링 이야기

초판 1쇄 발행 2015년 10월 1일
초판 3쇄 발행 2021년 2월 13일

지은이 김상래 / **펴낸이** 김태현
펴낸곳 한빛미디어(주) / **주소** 서울시 서대문구 연희로2길 62 한빛미디어(주) IT출판부
전화 02-325-5544 / **팩스** 02-336-7124
등록 1999년 6월 24일 제10-1779호 / **ISBN** 978-89-6848-221-2   93000

총괄 전정아 / **책임편집** 홍성신 / **기획·편집** 이복연 / **진행** 김대현
디자인 표지·내지 김미현 / **삽화** 송진욱 / **전산편집** 김철수
영업 김형진, 김진불, 조유미 / **마케팅** 박상용, 송경석, 조수현, 이행은, 고광일 / **제작** 박성우, 김정우

이 책에 대한 의견이나 오탈자 및 잘못된 내용에 대한 수정 정보는 한빛미디어(주)의 홈페이지나 아래 이메일로
알려주십시오. 잘못된 책은 구입하신 서점에서 교환해 드립니다. 책값은 뒤표지에 표시되어 있습니다.
한빛미디어 홈페이지 www.hanbit.co.kr / **이메일** ask@hanbit.co.kr

지금 하지 않으면 할 수 없는 일이 있습니다.
책으로 펴내고 싶은 아이디어나 원고를 메일(writer@hanbit.co.kr)로 보내주세요.
한빛미디어(주)는 여러분의 소중한 경험과 지식을 기다리고 있습니다.

블로그에서 바로 읽는 듯한

생생한 개발 노하우!

Blog@Book 은 개발 현장 속에서 얻은 소중한 지식을
재미있는 이야기로 엮어낸 시리즈입니다.

하나, 개발 현장에서 막 건져올린듯한 생생한 지식이 있습니다.

둘, 밤새워 개발하고 포스팅하는 저자의 열정이 있습니다.

셋, 블로그를 구독할 때처럼 빠져드는 재미가 있습니다.

넷, 오랜 친구와 나누는 대화처럼 즐거운 소통이 있습니다.

다섯, 언제 어디서나 쉽게 읽을 수 있는 편안함이 있습니다.

저자 서문

저는 매달 두 권 정도의 남성 잡지를 정기 구독해서 받아봅니다. 잡지의 화려한 이미지들을 넘기면서 잠시 일상을 잊는 것도 좋지만 잡지 속의 텍스트, 특히 편집장이 쓴 에디터 칼럼은 빼놓지 않고 즐겨 읽습니다. 잡지의 칼럼은 장황하지 않아 짧은 호흡으로 경쾌하게 읽힙니다. 읽기 쉽게 쓰여 있고 흥미롭지만, 내용이 시사하는 바나 해석이 가볍지만은 않습니다. 새로 나온 자동차, 계절에 맞는 옷 코디 혹은 재테크를 위한 시장 동향 등 다양한 주제를 터치하면서도 빠르고 재밌게 읽을 수 있도록, 심지어 여운이 남거나 그것을 소비하도록 잡지는 독자를 배려(?)합니다.

딱딱하고 엄격한 분위기의 공부가 아닌 즐겁게 몰입할 수 있는 모델링 책을 쓰고자 했습니다. 사실 책의 제1 독자는 저 자신이기 때문에 저 자신도 흥미를 느낄 만한 책이어야 했습니다. 더불어 잡지의 칼럼이 일상생활에서 시작해서 전문 영역으로의 친근한 해석을 하듯이 캐주얼하게 전개하면서도 깊이 있는 책을 엮고자 욕심을 내고 정성을 다했습니다. 텍스트가 흥미로우려면 잡지나 소설처럼 그 안에 '이야기'가 담겨야 한다고 생각합니다. 사람들은 이야기에 쉽게 매혹됩니다. '데이터 모델링'이라는 전문 영역을 다루지만 모델링 이론과 그에 대한 설명을 쭉 나열하고 이해하라고 강요하는 것은 교육론 관점에서도 옳지 않습니다.

이 책은 운영과 개발 현장에서 한두 번쯤은 고민해보았을 것들에 대한 공감으로 시작합니다. 그리고 단순한 따라하기나 기교 중심의 어떻게how가 아닌, 주제에 관한 깊은 이해와 오랜 경험에서 우러나온 왜why를 다룹니다. 왜를 이해한다는 것은 명확한 목적의식을 가지고 행동하게 되며, 변화하는 환경에서도 흔들리지 않는 근본적인 기준에 따라 판단하고 응용할 수 있게 됨을 의미합니다. 현장에서의 고민, 고민에 대한 공감, 그리고 이를 해결할 수 있는 이론과 본질에 대한 친절한 가이드를 통해 처음의 고민이 해결되고 정리되면서 독자 스스로 통찰을 얻을 수 있도록 여러 이야기를 준비했습니다.

4

저는 저자가 아닌 한 명의 독자로서 엔터티는 업무 장표와 매뉴얼을 통해 도출할 수 있다는 식의 단편적이고 개론적인 말이 싫었습니다. 관계선의 까치발을 그리는 것과 같은 모델 표기 방식에 집중하다가 정규화 이론을 조금 설명하고 간단한 예제 몇 개로 급하게 마무리하는 영혼 없는 책이 저는 미웠습니다.

이 책은 현장에서 프로그램과 SQL을 짜면서 '데이터'의 중요성을 서서히 느끼고 있는, 그래서 선임자가 그린 ERD를 보면서 생각이 많아지는 개발자와 데이터 모델링에 대해 제대로 공부해보고자 하지만 적절한 서적과 멘토를 찾지 못해 서성거리는 초보 설계자들을 주요 독자로 생각했습니다. 그래서 지나온 집필과정 1년은 그런 분들께 데이터를 볼 줄 아는 방법, '데이터'를 '모델링'한다는 것이 어떤 것인지, 그 본질과 구체적인 방법에 대해 마치 멘토에게 설명을 듣는 것과 같은 편안함과 따뜻함을 전달하고자 분주하게 움직이고 고민했던 시간으로 기억됩니다. 인쇄된 활자를 통해 독자를 향한 그런 애정과 정성이 전달된다면 저는 기쁠 것 같습니다.

10개월 전 거칠게 써내려갔던 책의 초고를 뒤적이며 읽다가, 계속 미루기만 했던 이 서문을 씁니다. 책은 한 사람의 생각이 다른 사람의 생각과 가장 내밀하게 이어지는 통로라고 합니다. 데이터 모델로 고민하던 숱한 불면의 밤의 상념들을 이제 책을 펼쳐 든 여러분께 보냅니다. 지난 1년간 저의 일상 속으로 불쑥불쑥 역류해 들어왔던 단어, 문장, 글의 지난했던 길의 끝을 바라봅니다. 저는 한 권의 책으로 누군가의 인생이 바뀌었다는 말은 신뢰하지 않습니다. 몇 권의 책으로 바뀔 만큼 삶은 간단하지 않으니까요. 그럼에도 불구하고 좋은 책 한 권은 삶을 응시하는 누군가의 세계를 확장할 수 있다고 믿습니다. 이 책이 어떤 이의 언어와 세계를 좀 더 풍요롭게 해서 일터에서 작은 용기를 주고 위로가 된다면 더 바랄 게 없겠습니다. 제 손을 떠나 '지금 있는 자리에서 더 나아지려고 노력'하는 많은 사람에게 사랑받는 책이 되었으면 좋겠습니다.

지난 일 년여의 시간이 어떻게 흘러갔는지 모르겠습니다. 정신없이 게워낸 사람처럼 온몸에서 무언가가 다 빠져나간 것만 같습니다. 이제 끝났다는 홀가분함, 뿌듯한 성취감보다는 헛헛함이 빠르게 밀려옵니다. 그럼에도 불구하고 남에게 잘 썼다고 평가받고 싶어서가 아니라 그 이전에 정말로 간절히 정리해서 쓰고 싶었던, 품고 있던 이야기를 모두 글로 풀어내어서 무엇보다도 순수한 기쁨과 자유를 느낍니다. 주말 아침마다 단골 카페에 일등으로 출근해서 노트북의 빈 종이에 글을 채워나가는 일은 제 삶에도 적잖은 영향을 주었습니다. 책상 앞에 앉아 혼자만의 조용한 시간을 가지며 생각을 정리하고 글을 쓰는 행위는 '썸'만 타며 깨작깨작 눈치를 살피는 것이 아닌, 깊숙이 나를 관여시키며 몰입하는 적극적이고 자발적인 삶으로 일상의 시간을 지극히 농밀하게 만들어주었습니다. 지치지 않고 외로운 과정을 거쳐 이야기를 마무리할 수 있어서 다행입니다. 자기애의 과잉일 수도 있겠습니다만, 저는 이제 이 책이 마음에 듭니다.

책에 등장하는 나선임과 정수석은 10년 전과 현재의 저를 조금씩 닮았습니다. 또한 이 책은 제가 데이터 아키텍트로 자리매김하고 균형 있는 눈을 가질 수 있도록 이끌어준 삼성SDS 정동훈 수석님에 대한 저의 오마주이기도 합니다.

지면을 빌어 강릉과 가평에 있는 가족에게 사랑과 감사의 다정한 인사를 보냅니다. 든든한 파트너십이 어떤 것인지를 보여주며 정성을 다해 책을 만들어주신 이복연 편집자께도 감사드립니다.

2015년 가을로 들어가는 입추, 합정동 커피발전소에서
김상래

일러두기

- 이 책에서는 모델링의 핵심과 본질에 집중하기 위해 데이터 모델의 표기법에 대해서는 별도로 설명하지 않았습니다. 모델의 표기법에 대한 설명이 필요한 분은 인터넷상의 자료를 참조하시기 바랍니다.

- 이 책에서는 모델 표기법 중 바커 표기법Barker Notation을 주로 사용했으나, 이해를 돕기 위해 I/E 표기법Information Engineering Notation을 일부 병행하기도 했음을 알립니다.

- 책의 내용은 전반적으로 DBMS의 종류와는 무관합니다. 그렇지만 일부에서는 RDBMSRelational DBMS의 테이블 구조를 전제하고 설명했습니다.

책 구성 지도

이 책은 데이터 모델링의 핵심과 본질에 대해 다른 자료나 책에서 충분히 다뤄지지 않은 관점의 이야기를 담았습니다. 모델링 이론에 대해 A부터 Z까지 빠짐없이 하나하나 설명하지는 않습니다. 그래서 책이 이야기하는 큰 그림을 보여주고 전체 흐름에서 지금 어느 부분을 읽고 있는지 확인할 수 있는 지도가 있다면 독자 여러분이 저와 함께 호흡하는 데 큰 도움이 되리라 생각했습니다. 다음 쪽의 그림은 그렇게 해서 만들어본 이 책의 구성 지도입니다. 새로운 스토리로 넘어가기 전에, 방금 읽은 스토리가 지도의 어느 부분을 설명한 것인지 표시하면서 생각을 정리해보는 시간을 가져보시기 바랍니다.

데이터 모델링은 공학이며 동시에 예술이다

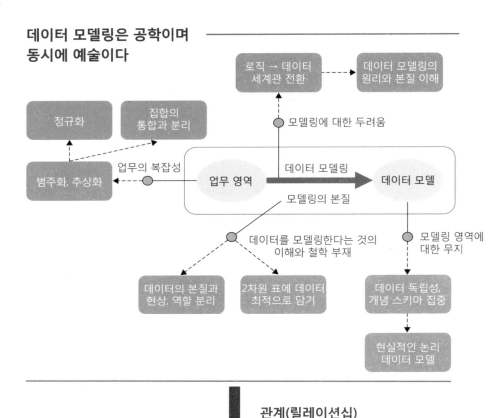

관계(릴레이션십)

관계선 하나를 긋는 행위에는 많은 고민이 필요하다

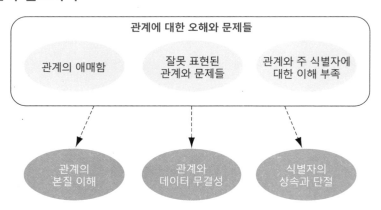

엔터티 정의가 가장 중요하다 ————
동시에 어렵고 힘들다

엔터티 정의

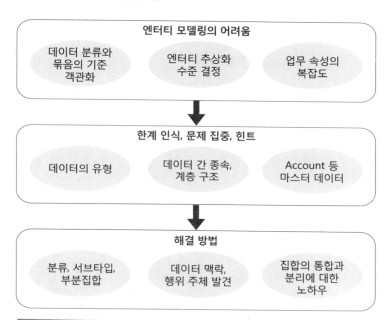

엔터티 모델링의 어려움

데이터 분류와 묶음의 기준 객관화　　엔터티 추상화 수준 결정　　업무 속성의 복잡도

한계 인식, 문제 집중, 힌트

데이터의 유형　　데이터 간 종속, 계층 구조　　Account 등 마스터 데이터

해결 방법

분류, 서브타입, 부분집합　　데이터 맥락, 행위 주체 발견　　집합의 통합과 분리에 대한 노하우

코드 속성 표준화와 유연성

표준화도 모델링의 일부다 ————
유연한 모델의 명과 암을 이해해야 한다

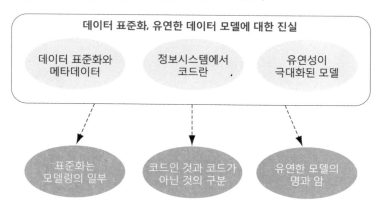

데이터 표준화, 유연한 데이터 모델에 대한 진실

데이터 표준화와 메타데이터　　정보시스템에서 코드란　　유연성이 극대화된 모델

표준화는 모델링의 일부　　코드인 것과 코드가 아닌 것의 구분　　유연한 모델의 명과 암

Contents

13

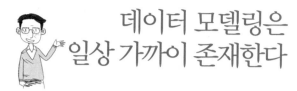

데이터 모델링은 일상 가까이 존재한다

초보 모델러의 막막함과 고민

입사 4년차인 나한빛 선임은 그동안 몇 개의 프로젝트 경험을 쌓으며 애플리케이션 개발에 나름 자신감이 붙고 있었다. 항상 시간에 쫓겨 버그투성이의 프로그램을 개발하던 것에서 차츰 벗어나, 이제는 요구사항을 정확히 만족하는 것은 물론이고 객체지향 방법론과 디자인 패턴까지 적용해서 효율적이고 안정적인 코드를 만들어내고 있었다. 그런데 이번에 새로 시작한 프로젝트는 분야도 낯설고 그동안 해보지 않았던 데이터베이스 설계 업무를 맡아 부담이 큰 상황에, 데이터 모델링 단계부터 진도가 지지부진하여 초조함을 느끼기 시작했다. 결국 설계팀의 리더인 정동훈 수석을 찾아가 조언을 구하기로 했다.

> **나한빛:** 정동훈 수석님, 안녕하세요. 모델링2팀 나한빛 선임입니다. 지난번에 한 번 인사드리긴 했는데 제가 요즘 모델링 때문에 고민이 많아서 도움을 청하려고 이렇게 불쑥 찾아왔습니다.

> **정수석:** 아, 나선임. 안 그래도 지난번 봤을 때보다 많이 해쓱해 보이는데... 도움이라니, 어떤...

나한빛: 그동안 다른 사람들이 작성한 ERD를 보면서 개발은 해봤지만 제가 직접 데이터 모델링을 하는 것은 처음이거든요. 사실 선배들이 그려놓은 모델을 보면서 별거 아니네, 어렵지 않다 생각했는데 직접 백지 위에 그려 나가려니 너무 막막하고 어디서부터 어떻게 시작해야 할지 모르겠어요. 좀 시도해보다가도 뭔가 어색하고 정석이 아닌 것 같아 꺼림칙해서 모델을 그리고 지우기를 반복하고 있거든요.

정수석: 대충 상황을 알겠어. 많이 힘들겠구먼. 내가 데이터 모델링 업무를 오래 해왔고 종종 교육도 하다 보니 나선임과 비슷한 고민을 하는 사람들을 많이 봤어!

나한빛: 서점에 들러 데이터 모델링 책들을 살펴봐도 온통 획일적이고 단편적인 내용뿐이고, 누구 하나 물어볼 사람도 딱히 없고... 도와주세요, 수석님.

정수석: 나선임에게 지금 가장 필요한 건 모델링의 두려움을 없애는 일인 것 같군. if, else의 로직 처리에 익숙한 개발자가 정규화니 데이터 집합의 관점으로 생각하라느니 등의 말을 처음 들으면 당연히 어렵게 느껴질 수 있지. 시중의 모델링 서적들도 ERD 표기법 위주로만 설명하다가 비디오 가게 같은 아주 간단한 예제로 급하게 끝내버리기 일쑤더군. 그래서 모델링에서 가장 중요하고 어려운 '엔터티'에 대해 제대로 심도 있게 설명해주는 데이터 모델링 책이 나왔으면 하는 바람은 나 역시 가지고 있어.

나한빛: 맞습니다, 수석님.

정수석: 나선임에게는 데이터 모델링이 어렵고 특수한 것만은 아니라는 사실을 좀 알려줄 필요가 있어 보이네. 우리는 사실 자신도 인지하지 못한 사이 일상생활에서도 데이터를 모델링하고 있는데...

나한빛: 정말요? 일상생활과 데이터 모델링이 관련이 있다는 말씀이 신기하네요.

정수석: 일단 오늘 일과 끝나고 내 자리로 오라고. 좀 더 설명해줄게. 사실 데이터 모델링은 일상생활에서 누구나 한두 번쯤 고민해보았을 것들의 확장과 심화라고 해도 될 만큼 지극히 상식적인 면이 많아. 모델링을 어렵고 두려운 것으로 생각하지 않도록 도와줄게.

나한빛: 정말 감사합니다. 저녁에 자리로 건너갈게요.

그날 저녁에 다시 만난 정수석은 대뜸 자동차 좋아하느냐고 묻더니 곧장 설명을 시작했다.

자동차 동호회와 데이터 모델링

자동차 동호회 **굴러간당**의 운영자인 A는 오프라인 동호회 회원의 명부를 체계적으로 관리하기 위해 고민 중이다. 회원의 성명, 연락처와 같은 개인 정보와 보유 차종에 대한 정보를 관리하여 '굴러간당 회원들은 WHITE 차량을 가장 선호합니다'와 같은 재미있는 분석 결과를 제공하거나 같은 차종을 보유한 회원끼리 커뮤니티를 형성하여 유용한 정보가 공유되고 순환될 수 있도록 하기 위함이다.

표 1-1 굴러간당의 회원 정보표

성명	나이	우편물 수령주소	E-MAIL	휴대폰번호	보유차량 제조사	차종	색상	배기량	년식
김옥삼	40	서울 영등포구 당산동	kim@gmail.com	010-3490-1234	랜드로버	이보크	WHITE	2200	2012
박근섭	35	서울 서대문구 충정로	park@gmail.com	010-3247-5678	현대	벨로스터	RED	1600	2010
조윤석	42	서울 강남구 서초동	cho@naver.com	010-3997-1122	아우디	A7	SILVER	3000	2013

A는 회원의 차량 정보를 성명, 이메일 주소 등과 함께 [표 1-1]과 같이 정리❶[1]하다가 이내 문제에 부딪혔다. 김옥삼씨는 소유한 차가 두 대라, 이를 관리하기 위해서는 [표 1-2]와 같이 두 개의 행으로 표현해야 한다. 이처럼 차가 두 대 이상인 회원을 여러 행으로 관리한다면 이메일주소와 휴대폰번호 등의 개인 정보가 차량 대수만큼 반복될 수밖에 없다.

---

1 이 번호(❶~❼)는 잠시 후에 '동호회 사례와 데이터 모델링의 관계'를 정리하기 위해 붙였습니다.

표 1-2 보유 차량 수만큼 개인 정보가 중복됨

성명	나이	우편물 수령주소	E-MAIL	휴대폰번호	보유차량 제조사	차종	색상	배기량	년식
김옥삼	40	서울 영등포구 당산동	kim@gmail.com	010-3490- 1234	랜드로버	이보크	WHITE	2200	2012
김옥삼	40	서울 영등포구 당산동	kim@gmail.com	010-3490- 1234	포르쉐	박스터	WHITE	2700	2015

　　회원이 보유한 차량 수만큼 개인 정보가 중복되는 것도 문제지만, 원래 의도했던 회원 명부라는 관점보다는 회원의 차량 정보가 우선시 되는 것 같아 꺼림칙하다. 표에서 한 줄을 차지하는 정보의 단위가 개별 회원이 아닌 회원이 소유한 차량이 되었기 때문이다. 한참을 고민한 A는 성격이 다른 두 정보를 함께 관리하려다 보니 일어난 현상임을 깨닫고❷, 다음과 같이 회원 개인 정보(표 1-3)와 보유 차량 정보(표 1-4)를 각각의 표로 분리❸하기로 했다.

표 1-3 회원 개인 정보표

성명	나이	우편물수령주소	E-MAIL	휴대폰번호
김옥삼	40	서울 영등포구 당산동	kim@gmail.com	010-3490-1234
박근섭	35	서울 서대문구 충정로	park@gmail.com	010-3247-5678
조윤석	42	서울 강남구 서초동	cho@naver.com	010-3997-1122

표 1-4 보유 차량 정보표

성명	보유차량제조사	차종	색상	배기량	년식
김옥삼	랜드로버	이보크	WHITE	2200	2012
김옥삼	포르쉐	박스터	WHITE	2700	2015
박근섭	현대	벨로스터	RED	1600	2010
조윤석	아우디	A7	SILVER	3000	2013

　　보유 차량 정보표에는 소유자를 확인할 수 있도록 소유자의 성명을 함께 입력해서 **회원 개인 정보**표와의 연결고리로 활용❹하기로 했다.

　　문제를 해결하고 표를 좀 더 정리하다 보니, 이번에는 이름이 똑같은 회원이 나타났다. **회원 개인 정보**의 성명 속성만으로는 그들을 구분할 수 없게 되었고, 더 큰 문제

는 **보유 차량 정보**의 차량 역시 누구의 소유인지 정확히 알 도리가 없게 되었다. 성명에 나이를 묶어 구분할 수도 있겠지만, 나이까지 같지 말라는 법이 없으니 궁극적인 해결책은 되지 못할 것이다. 결국 회원을 명확히 식별하기 위해 A는 회원번호라는 새로운 속성을 관리❺하기로 마음먹었다.

표 1-5 회원번호가 추가된 회원 개인 정보표

회원번호	성명	나이	우편물수령주소	E-MAIL	휴대폰번호
10001	김옥삼	40	서울 영등포구 당산동	kim@gmail.com	010-3490-1234
10002	박근섭	35	서울 서대문구 충정로	park@gmail.com	010-3247-5678
10003	조윤석	42	서울 강남구 서초동	cho@naver.com	010-3997-1122
10004	박근섭	28	서울 강남구 역삼동	park2@naver.com	010-7423-8765

표 1-6 성명 대신 회원번호를 사용한 보유 차량 정보표

회원번호	보유차량제조사	차종	색상	배기량	년식
10001	랜드로버	이보크	WHITE	2200	2012
10001	포르쉐	박스터	WHITE	2700	2015
10002	현대	벨로스터	RED	1600	2010
10003	아우디	A7	SILVER	3000	2013
10004	AUDI	A6	SILVER	3000	2012

그런데 보유 차량을 제대로 **분석**하려면 '아우디'와 'AUDI'가 같은 제조사임을 알아야 하며, 그러기 위해서는 제조사 이름 표기를 표준화해야 한다. 예를 들어 이메일, email, e-mail과 같이 조금씩 다르게 표현되어 있다면 분석하고 집계하여 의미 있는 정보로 만들 때 어려움을 겪게 마련이다. A는 이왕이면 한글을 사랑하자는 마음으로 '아우디'로 통일❻하기로 했다.

이제 얼추 정리되어가나 싶더니, 최근 들어 동호회가 활성화되면서 튜닝용품, 타이어샵, 외장관리업체 등 자동차관련업체들이 광고를 위해 들어오기 시작한 것이 생각났다. 이들 업체 정보도 관리할 필요성을 느껴 회원 개인 정보표에 담으려 하다가 이내 생각을 바꾸었다. 협력업체 정보를 개인회원 정보로 등록하기에는 다소 이질적이라 느껴서 별도의 표로 관리❼하기로 했다(표 1-7).

표 1-7 협력업체 정보표

업체명	업체주소	업종	대표자명	연락처
튜닝 팩토리	서울시 양천구 목동	튜닝	김동률	02-1234-4321
시유 타이어	서울시 용산구 원효로	타이어	김애란	02-3322-7777

회원 명부에 녹아 있던 데이터 모델링의 숨은 원리

그런데 그거 아나?
사실 방금 설명에 모델링의 기본 원리가 꽤 포함돼 있었는데 말이야.

지금까지 동호회 회원 관리라는 지극히 일상적인 생활 속의 데이터를 어떻게 관리해야 할까라는 고민에서 우리는 스스로 인지하지 못한 채 **데이터**를 **모델링**해봤다. 동호회 회원과 보유 차량 데이터를 관리하기 위해 관련 속성들을 하나의 표로 정의하였으며 이질적인 속성과 중복, 반복되는 값들은 분리하여 별도의 표에 저장되도록 하였다. 2차원 표에 데이터를 어떻게 담는 것이 좋을지 구조적으로 고민했는데, 이것이 바로 데이터 모델링이다. 앞으로 자세히 설명하겠지만, 관계형 데이터 모델링은 2 차원 테이블(표) 구조에 우리가 관리할 데이터를 어떻게 담는 것이 최적인지 고민하는 과정이다. 즉, 데이터 모델링은 지극히 상식적이고 일상적인 관점에서 접근해도 무리가 없다.

물론 현실 세계의 비즈니스를 모델링한다는 것은 분명 더 복잡하고 어려운 일이겠으나, 결국은 회원 관리에서 고민했던 것이 확장되고 깊어진 것으로 생각하면 충분히 자신감을 가지고 도전해볼 만하다.

사실 필자 역시 엑셀로 많은 자료를 관리하면서 중복 입력되는 값들을 기준 정보로 떼어내어 코드 형태로 단순화시키고, 성격이 유사하여 관련성이 높은 속성들은 별도의 시트에 저장하곤 했다. 데이터베이스 개론 시간에는 전혀 감흥이 없다가 나중에 IT 회사에 입사하고 RDB를 접하면서 그때 내가 했던 작업의 과정들이 결국 정규화normalization였음을 깨달았다.

중요한 점은 1정규화부터 5정규화까지 정규화 이론을 달달 외우는 것에 있지 않다. 새의 날갯짓은 앞으로 나아갈 동력을 제공하는 것이지 그 자체가 비행의 원리는 아니다. 원리는 날개 모양과 위아래로 가해지는 공기의 압력차에 있다. 정규화의 원리와 목적을 충분히 이해하고 데이터 모델링이 궁극적으로 추구하는 지향점을 아는 것이 근본적으로 더 가치 있다. 정규화에 대해서는 이 책 전반을 통해 그 개념과 활용에 대한 충분한 가이드를 전달할 것이다. 더불어 이 책은 하늘 위 새들 저마다의 날갯짓을 설명하기보다는 비행의 원리에 집중하여 좀 더 본질적인 통찰을 제공할 것이다.

이쯤에서 자동차 동호회 사례와 데이터 모델링의 관계를 짧게 정리하고 넘어가기로 하자.[2] 다음의 모델링 이론과 용어는 이후 자세히 설명할 것이므로 가볍게 읽고 넘어가도 좋다.

---

2 앞서 동호회 명부 설명 사이사이에 달아 놓은 번호와 모델링 원리가 일치한다.

동호회 사례와 데이터 모델링의 관계 정리

❶ 표는 관계형 데이터베이스Relational Database(RDB)의 릴레이션relation을 의미한다.

❷ 이질적인 정보가 혼재되어 있다면 데이터 간의 종속성을 기준으로 분리, 즉 정규화해야 함을 의미한다.

❸ '보유 차량 정보'표를 분리한 것은 1정규화가 적용된 결과다.

❹ 표 사이의 연결고리는 데이터 모델의 관계relationship 속성에 해당한다.

❺ 회원번호는 엔터티의 주 식별자primary identifier에 해당한다.

❻ 'AUDI'를 '아우디'로 표기하기로 한 것은 데이터 표준화의 개념 중 코드code와 관련 있다.

❼ '협력업체 정보'표를 별도로 만든 것은 엔터티의 개념이 반영된 것이다.

나한빛: 수석님. 뭔가 알 것 같아요. 오래전에 학교에서 배웠던 내용도 떠오르고... 막막하고 답답했던 것들이 조금 가라앉는 기분입니다.

정수석: 다행이구먼. 데이터 모델링을 너무 어렵게만 생각할 필요는 없어. 물론 처음 하다 보면 모든 일이 그렇듯 아득하고 막연하게 느껴지겠지만, 원리와 본질을 이해하고 경험을 조금씩 쌓다 보면 점점 자신감이 생길 거야. 물론 모델링의 대상이 되는 업무에 대한 이해도 중요하니 업무 파악도 열심히 하고.

나한빛: 네, 감사합니다. 조바심 갖지 말고 노력해보겠습니다. 제 주변에서도 업무 이해와 경험이 제일 중요하다고 하더라고요.

정수석: 그래... 나는 모델링이 잘 되지 않는 이유와 상황은 크게 세 가지라고 보는데, 첫 번째는 나선임이 말한 것처럼 업무를 잘 이해하지 못했거나 업무 요건이 명확하지 않을 때야. 결국 '업무'적인 이유지. 두 번째는 모델링 이론을 정확히 숙지하지 못한 경우지. 관계의 본질이라든지, 엔터티 정의와 같은 기본 이론은 책 한 번 읽는다고 깊게 이해하기 쉽지 않거든.

나한빛: 세 번째 이유는 뭐죠?

정수석: 마지막 세 번째는 이 두 상황이 혼재된 경우지. 내 생각에 지금 나선임은 세 번째 상황인 것 같은데, 이럴 땐 하나씩 해결해나가면 되니 걱정할 건 없어. 당장 내가 해줄 수 있는 건 모델링의 기반 기술과 이론, 다시 말해 데이터 모델링의 본질을 깨우칠 수 있도록 도와주는 것 같은데...

나한빛: 데이터 모델링의 본질요?

정수석: 응. 갑론을박의 여지가 있긴 한데... 나는 해박한 업무 지식과 경험도 물론 중요하지만, 모델링의 기반 기술에 대한 이해와 업무 데이터를 통찰할 수 있는 역량이 모델러에게 훨씬 더 소중한 가치라고 생각해. 어이쿠! 시간이 많이 늦었는걸. 내일도 시간 되면 오후에 들르라고. 좀 더 와 닿는 사례를 가지고 더 설명해줄 테니. 시간을 가지고 노력하면 데이터를 모델링한다는 것이 어떤 건지, 모델링의 본질이 무엇인지 깨닫게 되는 순간이 올 거야. 앞으로 자주 보자고.

이미 사무실의 시계는 밤 9시를 훌쩍 넘어가 있었지만 나한빛 선임은 마음이 한결 가벼워졌다. 동시에 정동훈 수석이 말한 업무 데이터를 통찰할 수 있는 역량이란 것이 과연 무엇일까 궁금해졌다. 평소 아무 생각 없이 내뱉던 **데이터를 모델링한다**는 말이 이상야릇하게도 멋지고 의미 있게 다가오는 밤이었다.

Story 02

데이터를 이해한다는 것

업무를 이해한다는 것과 업무 데이터를 이해한다는 것

어떤 회사의 구매 업무를 데이터 모델링한다고 가정해보자. 회사의 여러 부서에 필요한 상품, 솔루션, 소프트웨어 등을 구매하는 구매팀의 주요 업무 처리 절차인 메가 프로세스mega process는 대략 다음과 같다고 한다.

1. 다른 팀으로부터 상품 구매를 의뢰받는다.

2. 구매팀의 상품 유형별 담당자가 상품을 판매하는 회사, 가격 등에 대한 시장조사를 수행한다.

3. 후보 회사들과의 협상이나 입찰을 통해 최종 구매 회사, 상품, 가격을 결정하거나, 기업 간 B2B 웹사이트에서 직접 주문하기도 한다.

4. 선정된 구매 건을 품의한다. 구매를 요청한 팀에도 이를 통보한다.

5. 품의 완결 후 업체와 구매 계약을 맺고 계약금을 지급한다.

6. 상품을 납품받으면 잔금을 지급하고 구매를 요청한 팀에 해당 상품을 전달한다.

일반적으로 업무를 파악하고 이해한다는 것은 앞의 메가 프로세스와 같이 **단위 업무의 시작과 끝을 일의 경로나 공정을 중심으로 알아간다**는 뜻이다.

반면 데이터 관점으로 업무를 이해한다는 것, 즉 업무 **데이터를 이해한다**는 것은 이와는 조금 다른 얘기다. 예를 들어 상품 구매를 의뢰받거나 구매품의 내용을 의뢰한 팀에 통보하는 과정이 오프라인으로 처리될 수도 있다. 그렇다면 구매 요청과 통보는 데이터 관점에서는 구매 행위와 직접 관련이 없으므로 관심 대상에서 제외할 수 있다.[1] 후보 회사들과의 협상이나 시장조사 과정에서 발생하는 데이터를 정보시스템으로 관리할 필요가 없다면 이들은 관심 밖으로 밀어낼 수 있다.

그렇다면 데이터 관점에서는 무엇이 주요 관심 대상이 되어야 하는가? 그것은 누가, 언제, 어떤 상품을 어느 회사로부터 얼마에 구매했느냐는 비즈니스 행위일 것이다. 이를 위해 같은 상품을 구매팀의 서로 다른 담당자가 여러 번 구매할 수 있는지, 하루에도 여러 번 구매가 가능한지, 여러 상품을 묶어서 한 번에 주문할 수 있는지, 특정 상품을 구매하기 위해서는 반드시 선주문하거나 함께 구매해야 하는 다른 상품이 있는지 등의 업무 규칙을 명확히 해야 한다. 즉, 겉으로 드러나는 업무 처리 방법이나 공정과는 분리해서, 그 안에서 데이터가 어떻게 발생하고 흐르는지, 데이터 사이의 선행 관계와 같은 종속성 규칙을 관찰하고 읽어내야 한다.

정수석의 모닝커피

업무 데이터의 이해

업무 데이터를 이해한다는 것은 기업의 비즈니스를 **데이터** 측면에서 처음부터 끝까지 조명해보는 것이다. 즉, 업무 프로세스나 프로세스 지원 시스템의 기능과는 완전히 분리해서 생각해야 한다.

---

1 여기서 구매 요청과 구매 행위가 직접 관련되어 있는지 판단하는 기준은 무엇일까? 예를 들어 구매를 요청한 부서를 언제든지 확인할 수 있어야 한다는 업무 요건이 있다고 해보자. 그래서 해당 정보를 관리해야 한다면 직접 관련되었다고 본다.

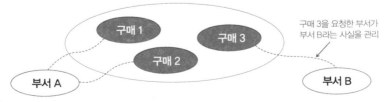

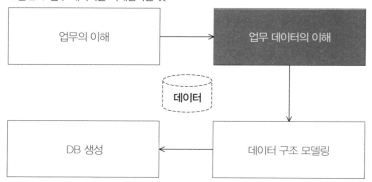

그림 2-1 업무 데이터를 이해한다는 것

업무의 이해 → 업무 데이터의 이해

데이터

DB 생성 ← 데이터 구조 모델링

  스토리 1에서 굴러간당의 운영자인 A가 차를 두 대 이상 소유한 회원들을 위해 회원 정보와 소유 차량 정보를 별도의 표로 분리한 이유를 떠올려보자. 회원 개인 정보 표가 회원 명부라는 관점보다 회원의 차량 정보를 우선시하는 것, 다시 말해 표에서 한 줄을 차지하는 정보의 관리 단위가 회원이 소유한 차량 한 대가 되는 상황을 피하려 했다. 여기서 정보의 관리 **단위**라는 것은 엔터티의 개체와 맞닿아 있는 굉장히 중요한 개념으로, 앞으로 엔터티 모델링을 설명하면서 자세히 소개할 것이다. 운영자 A처럼 예리한 관찰력으로 업무 데이터를 꿰뚫어 보는 것은 업무의 흐름, 즉 프로세스를 아는 것과는 다른, 데이터를 모델링하는 사람이 가져야 할 중요한 덕목이다.

  UML의 유스케이스^{UseCase}는 시스템의 기능에, 객체지향의 클래스^{class}는 객체의 속성과 행위의 묶음에 집중한 것이다. 반면 데이터 모델링의 엔터티는 데이터 개체 집합이라는 뷰^{view}에 업무를 집약한 것이다. 이처럼 모델링의 유형에 따라 세상을 보는 방식과 업무 세계를 표현하는 방법이 다르다.[2] 여기서 한 가지 흥미로운 점은 객체지향의 클래스와 데이터 모델링의 엔터티가 굉장히 닮았다는 사실이다. 클래스에서 메서드를 제거하면 변수와 상수만 남게 되는데, 그 모습이 속성을 담고 있는 엔터티와 유사하다. 따라서 객체지향 설계를 많이 고민해본 사람이라면 데이터 모델링과 클래스 설계가 특정 맥락에서 긴밀하게 연결되어 있음을 감지했을 것이다. 이때 맥락은 바로 모델링의 근간을 형성하는 원리, 다시 말해 데이터 모델링의 본질이다.

---

2 업무 대상을 보는 관점은 '스토리 5 범주화와 추상화, 개체의 본질'에서 다룬다.

자! 우리는 이제 모델링의 본질을 이해하기 위한 여행을 떠나려 한다. 그 여정은 자연히 **데이터를 이해하는 올바른 시선**에서 시작되어야 할 것이다.

상품 주문 데이터를 이해하는 올바른 시선

하늘에는 무수히 많은 별이 존재한다. 하나의 별만 뚫어지게 바라보면, 아무리 오랫동안 하늘을 관찰하더라도 별 사이의 관계가 눈에 들어오지 않는다. 반면에 별과 별 사이를 가상의 선으로 그리며 무리를 짓고 있는 별을 보면 비로소 별자리라는 별들의 관계를 확인하게 된다. 데이터 모델링도 마찬가지다. 전체와 맥락을 이해하지 못한 채 특정 부분만을 읽고 다이어그램으로 그려낸다면 오히려 그 특정 영역에 대한 해석조차 잘못 되기 쉽다. 은하수에 흩어져 있는 무수한 별에서 천칭자리라는 별의 지도를 찾듯이, 모델링이 이루어지는 커다란 판을 한걸음 뒤에서 관찰해보자. 이를 위해 구매팀의 상품 주문 예에서 데이터 구조가 형성되는 과정을 살펴보자.

기업이 상품을 내놓고 고객이 이를 구매하는 것은 대다수 비즈니스의 본질이다. 따라서 이를 데이터 관점에서 제대로 이해하고 해석하는 것은 대단히 중요한 일이다. 지금껏 통상적으로 보아온 상품 주문 예는 모델링 과정을 다음과 같이 설명했다.[3]

> 고객과 상품 사이에는 주문이라는 관계가 있다. 한 고객이 여러 상품을 주문할 수 있고, 하나의 상품을 여러 고객이 주문할 수 있는 다대다[M:N] 관계다. 이를 관계형 데이터베이스로 구현하기 위해 M:N 관계를 해소[resolve]하면 주문이라는 관계 엔터티로 만들어진다. 그리고 주문과 상품은 여전히 다대다 관계이므로, 이것 역시 풀어주면 고객, 주문, 주문상품, 상품이라는 엔터티가 도출된다.

그림 2-2 고객과 상품을 주문이라는 관계로 직접 연결한 모습

그림 2-3 고객과 상품 사이의 M:N 관계를 해소한 모습

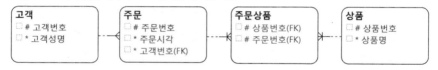

필자는 이러한 설명은 상당히 모호하며, 데이터 모델링의 기본 원리를 생각할 때 자연스럽지 못한 전개 방식이라고 생각한다. 〈주문〉이라는 엔터티가 도출된 결과는 같지만, 이제부터 설명할 과정은 미묘하게, 그렇지만 분명히 다르다. 그럼 본격적으로 주문에 대해 생각해보자.

'고객이 특정 상품을 평생 단 한 번만 구매할 수 있다'라는 요건이 있다면 구매는 고객과 상품의 관계 엔터티로 볼 수 있다. 즉, 구매는 고객이라는 아빠와 상품이라는 엄마 사이에 태어난 자식인 셈이다. 그러나 우리가 인터넷 쇼핑몰에서 오늘 산 상품을

---

3 구매 업무에서 상품 구매의 주체는 구매팀 직원이지만, 인터넷 쇼핑과 같은 일반적인 경우로 확장하기 위해 주체를 고객으로 일반화하였다.

내일 또 구입하지 말라는 법은 없으니 이러한 전제는 현실적이지 않다. 고객이 같은 상품을 여러 번 살 수 있도록 하려면 **시간**이라는 개념이 하나 더 관계되어야 한다.

주문을 고객과 상품의 단편적인 **관계**로 보면 주문이라는 데이터는 고객과 상품에 종속되므로, 주문의 키값은 〈고객번호〉와 〈상품번호〉여야 한다. 만약 동일한 고객이 1시간 후에 같은 상품을 다시 주문한다면 어떻게 될까? 〈고객번호〉와 〈상품번호〉만으로는 이전 주문과 구별할 수 없으니 〈주문일시〉와 같은 시각 정보나 〈주문일련번호〉와 같은 인조 식별자를 추가할 수밖에 없다. 이는 주문이 고객과 상품의 관계 엔터티가 아니라 시간이 개입되어야 하는 트랜잭션임을 반증하는 것이다. 시각 정보를 주문의 식별자로 추가하는 순간 상품번호는 식별자로는 필요 없는 속성(슈퍼식별자)이 되어버리기 때문이다. 정리하면 주문 A를 주문 B와 구분해주는 식별자는 고객과 시각이다. **누가**와 **언제**라는 정보가 절대적으로 중요하며 어떤 상품인지는 주문 트랜잭션을 식별하는 데 직접적인 영향이 없다. 상품은 주문이라는 트랜잭션의 참조 정보일 뿐이다.

그림 2-4 상품은 주문 트랜잭션의 참조 정보일 뿐이다.

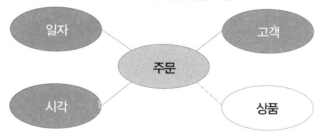

주문은 상품보다는 오히려 주문 시각이라는 **시간** 개념이 절대적으로 개입되는 고객 **행위**로 보아야 한다. 이처럼 비즈니스 행위, 즉 트랜잭션에는 반드시 시간의 개념이 개입되며, 이는 행위 엔터티의 식별자에 타임스탬프와 같은 시각 속성이 존재하는 것에서 확인할 수 있다.

행위와 관계 구분

물론 행위와 관계를 구분하기 모호한 지점도 있다. 혹은 행위를 관계의 범주 중 하나로 이해할 수도 있다. 중요한 점은 이러한 구분이 대상을 이해하는 데 도움이 된다는 것이다. 행위가 어떻다. 관계가 어떻다는 구분보다는 데이터가 만들어지는 과정에서 의미상 주어를 명확히 식별한다는 것에 가치가 있다. 더불어 행위를 정확히 알아야만 행위와 그 주변 엔터티와의 관계를 어떻게 맺을지 명확히 파악할 수 있다.

지금까지 상품 주문 데이터를 이해하고 분석하기 위해 주문이라는 행위를 중심으로 행위의 주체와 대상에 해당하는 데이터를 찾기 위해 노력했다. 이러한 접근과 시선은 앞으로 만나게 될 다양한 문제를 해결하는 데 근본적인 힘이 되어줄 것이다. 주문 데이터의 성격이 이해되었다면, 다음 스토리에서는 주문 데이터를 저장하기 위한 데이터 구조에 더 접근해보기로 하자.

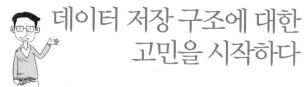

데이터 저장 구조에 대한 고민을 시작하다

애플리케이션 화면과 RDB의 테이블은 다르다

데이터 모델링에 대한 이해와 경험이 부족할수록 애플리케이션의 화면 단위로 데이터베이스의 테이블을 만들려는 경향을 현장에서 자주 목격한다. 심지어는 GUI 화면과 테이블을 거의 1:1로 인식하는 사람도 예상 밖으로 많다.

앞서 우리는 상품 주문 데이터의 성격을 살펴보았다. 이를 바탕으로 [그림 3-1]의 주문 화면을 곰곰이 살펴보자.

그림 3-1 여러 부분이 모여 하나처럼 보이는 주문서

애플리케이션 화면에서 주문은 체계적으로 조직화된 하나의 집합체로 보인다. 여러 개의 부분이 모여 전체를 이루고 있지만, 구조적으로는 주문서 한 장으로 보인다고 할 수 있다. 데이터 모델링은 최종 사용자에게 보이는 하나의 집합체에서 데이터의 구조적인 '부분'을 분리하는 작업이다. 실제 [그림 3-1]의 주문 데이터가 RDB에 저장될 때는 [그림 3-2]처럼 여러 테이블로 흩어진다.

그림 3-2 애플리케이션 화면에 보이는 데이터가 RDB에 저장되는 모습

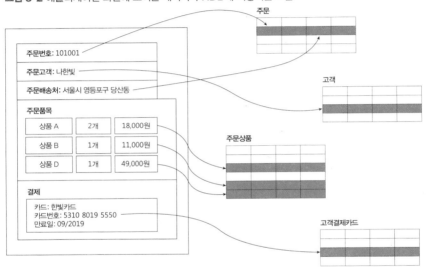

하나의 뷰에 포함된 데이터를 여러 테이블로, 그리고 다시 여러 행으로 분리하는 이유는 데이터 관리(저장, 수정, 조회 등)에 유리하기 때문이다.[1]

중요한 점은 각 부분을 왜 분리해야 하는지 그 이유를 정확히 알아야 한다는 것이다. 그래야 전체 뷰에서 부분을 분리하는 기준과 방법론으로 한걸음 더 다가설 수 있다. 사실 데이터 모델링에 대한 이론적인 학습은 이 두 가지가 전부라고도 할 수 있다.

- 하나의 집합체로 보이는 뷰에서 데이터 구조로서의 부분을 분리해야 하는 이유
- 부분으로서의 테이블(릴레이션)을 분리하는 기준과 규칙 등 방법론

....

1 사용자 뷰와 테이블의 분리는 스토리 6에서, 테이블 나누기 관련 설명은 스토리 7에서 상세히 소개할 것이다.

집합체(주문서)에서 각 부분과 그 저장 구조(분리한 테이블)를 고민하는 과정이 결국 관계형 데이터 모델링이다.

본격적인 모델링 이론을 학습하기 전에 맛보기로 개요가 될 만한 예를 몇 가지 살펴보자. 먼저 주변에서 흔히 볼 수 있는 설문 조사를 위한 데이터 모델링이다. 주문서 한 장에서 그 부분집합인 고객, 주문, 주문상품을 테이블로 분리한 [그림 3-2]를 염두에 두고 설문지를 분석해보자.

설문 데이터 모델링, 데이터의 본질을 읽어 모델링하다

이번에 설명하는 예는 지금은 다소 어렵게 느껴질 수도 있다. 이 책을 다 읽고 나면 자연히 이해될 내용이니, 당장은 모델링보다는 데이터 이해에 집중하여 업무 데이터를 어떻게 읽고 분석해야 하는지에 초점을 맞춰 부담 갖지 말고 읽어보자.

그림 3-3 간단한 설문지

고객명	
주소	
전화번호	
E-MAIL	

1. 당신의 성별은 무엇입니까?
   1) 남   2) 여
2. 당신의 연령대는 무엇입니까?
   1) 10대   2) 20-30대   3) 40-50대   4) 60대 이상
3. 당사의 제품 중 사용하신 제품명은 무엇입니까?

4. 제품의 가격을 적정하다고 생각하십니까?
   1) 매우 비싸다   2) 비싸다   3) 적정하다   4) 저렴하다
5. 제품의 가격이 비싸다고 느끼셨다면 적정 가격은 얼마라고 생각하십니까?

6. 제품의 품질에 대해서는 만족하십니까?
   1) 매우 만족   2) 만족   3) 보통   4) 불만족
7. 사용하신 당사의 제품에 대해 개선할 사항이 있다면 무엇입니까?

[그림 3-3]과 같은 설문 문항과 그 응답 결과를 정보시스템으로 관리하려면 설문지에 담긴 텍스트를 데이터의 성격과 주제 등의 유사함을 중심으로 구조화해야 한다. 즉, 텍스트 데이터의 유형을 기준으로 관련된 것들을 묶어내는 과정이 필요하다.

그림의 설문에서 텍스트의 유형을 살펴보면 **질문**이라는 데이터 개체 집합을 어렵지 않게 도출할 수 있다. 객관식 질문을 위해서는 **보기**도 필요하다. 텍스트로는 드러나지 않았지만, **설문 제목**과 **설문 개요** 등의 정보도 필요한데, 이들은 질문이나 보기와는 다른 수준에서 관리하는 것이 논리적으로 자연스럽다. 설문 제목은 설문을 기획하고 생성하는 입장에서의 메타 정보다. 따라서 **설문지**라는 상위 개체 수준에서 관리해야 한다. 참고로 개체instance는 어떤 집합에서 서로 구별이 가능한 개별 요소, 즉 단위 객체다. 일단은 집합이 관계형 데이터베이스의 테이블table이라면 개체는 하나의 행row으로 이해하면 되겠다.

그림 3-4 설문지에서 찾아낸 요소들

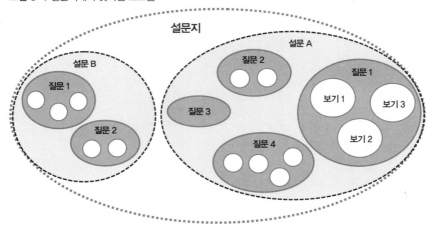

설문지 한 장에서 질문과 보기라는 유형을, 나아가 여러 질문과 보기로 구성된 완성된 문제지로서의 설문지라는 상위 유형을 찾아냈다. 여기서 설문지는 인쇄된 개별 설문 종이를 말하는 것은 물론 아니다. 정보시스템에서 관리할 데이터 모델로서 설문 제목, 개요, 시작 일시 등의 속성을 관리하는 메타적 설문 문제지를 말한다.

또한 설문지는 설문에 참여하는 행위나 그 결과로 만들어지는 다수의 응답 데이터 집합과는 엄연히 다르므로 이들과는 별도의 구조로 관리해야 할 것이다. 정보는 이처럼 정확한 위치에 유형별로 저장되어야 하며, 이를 위해서는 무엇보다 **데이터를 이해해야** 한다. 데이터의 성격을 정밀하게 분석하지 못하면 이를 담을 그릇인 저장 구조 역시 모호해지고 부실해지기 마련이다.

[그림 3-5]의 설문 ERD 1.0은 지금까지의 설명을 토대로 그려본 데이터 모델이다. 〈설문지〉 엔터티는 여러 질의 문항으로 구성된 하나의 문제지이자, 설문 기획마다 하나씩의 개체가 생성되는 집합이다. 당연히 〈설문제목〉, 〈설문개요〉, 〈설문작성일자〉 등의 속성을 가지고 있다.[2] 〈설문질문〉 엔터티는 설문지의 각 질의 문항마다 개체가 하나씩 생성되는 집합이며, 〈설문보기〉는 객관식 질문의 보기 항목마다 개체가 하나씩 존재하는 집합이다. 〈설문응답〉은 설문 응시자가 작성한 응답을 질문 항목마다 개체 하나로 관리하는 엔터티다. 단, 복수 선택이 가능한 객관식 질문이라면 응답 개체가 둘 이상이 될 수도 있다.

그림 3-5 설문 ERD 1.0 – 〈설문보기〉는 〈설문질문〉에, 〈설문질문〉은 〈설문지〉에 종속된다.

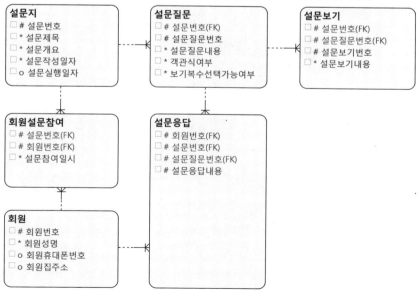

---

2 이름 때문에 물리적인 설문지(종이)와 헷갈린다면 엔터티 이름을 설문으로 변경해도 좋을 것이다.

우리는 평면적인 설문지 한 장에 숨어 있는 데이터를 관찰하여 입체적으로 분석하고 이해했다. 나아가 이를 통해 메타적 설문 문제지와 이를 구성하는 하위의 질문과 보기 그리고 응답 데이터를 담아낼 수 있는 구조를 분리하여 모델로 표현해볼 수 있었다. 그런데 이 모델에서 〈설문질문〉과 〈설문보기〉 엔터티를 유심히 보면 다음과 같은 생각이 들 수도 있을 것이다.

- A라는 설문의 '당신의 성별은 무엇입니까'라는 질문과 B 설문의 동일 질문을 별개로 인식하고 관리하는 게 맞는가?

- 우리 회사는 업무 특성상 설문을 굉장히 자주 하니까, 일반적인 설문을 패턴화하고 DB화해서 레고 블록처럼 미리 만들어진 질문과 보기를 조립해서 뚝딱 만들었으면 좋겠어!

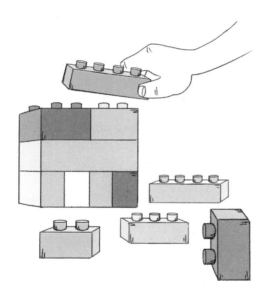

이는 〈설문질문〉과 〈설문보기〉 개체를 기준 정보[3] 성격으로 코드처럼 관리하고 싶다는 의미다. 다시 말해 보기는 질문에 종속되지 않고, 질문은 설문지에 종속되지 않은 독립 개체로 정의하고 관리할 것인가에 대한 고민이다. 설문 ERD 1.0은 설문 A의 질문인 '당신의 성별은 무엇입니까'와 설문 B의 질문인 '당신의 성별은 무엇입니까'를 각각의 설문지에 종속된 데이터로 인식하겠다는 전제하에 그려진 것이다. 사람

---

3 스토리 9의 강한(Strong) 엔터티 부분을 참조한다.

이 보기에는 동일한 텍스트의 같은 데이터지만 완전히 다른 것으로 취급하는 것이다. 만약 각각의 질문과 보기를 주변 맥락에서 분리하여 독립된 개체로 관리한다면 모델을 [그림 3-6]처럼 다시 그려야 한다.

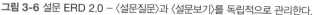

그림 3-6 설문 ERD 2.0 – 〈설문질문〉과 〈설문보기〉를 독립적으로 관리한다.

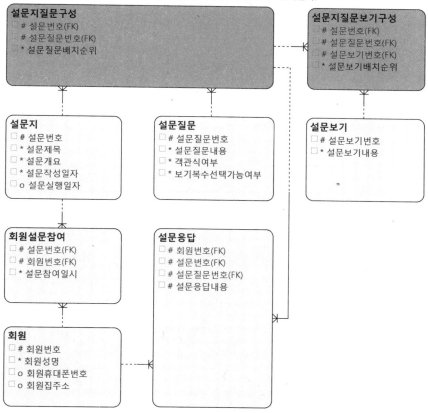

이 모델이 이해되지 않더라도 조바심을 낼 필요는 없다. 앞서 이야기했듯 이번 스토리의 모델들은 모델링에 대한 주의를 환기시키기 위한 도구로, 이후의 엔터티와 관계에 대한 내용을 살펴본 후 다시 읽어보면 쉽게 이해될 것이다(그러므로 설문 ERD 2.0에 대한 상세 설명은 생략한다).

지금까지 설문 예제를 통해 두 가지의 중요한 아이디어를 얻을 수 있었다. 첫 번째는 데이터 집합(엔터티)과 개체를 발견하는 힘이다. 업무 요건을 보면 데이터가 보여야 하고, 업무에서 흘러 다니는 데이터의 성격과 고유한 근본 성질을 이해할 수 있어야 한다. 그래야 그에 맞는 구조를 도출해낼 수 있다. 두 번째는 데이터의 종속성이 업무적으로 어떻게 관리되고 있는지 혹은 관리하려 하는지 정확히 알아야 한다는 것이다. 설문 ERD 1.0과 2.0처럼 주요 데이터 사이의 종속성에 따라 모델의 골격이 크게 달라질 수 있다.

정수석의 모닝커피

올바른 데이터 모델링을 위한 기본기

1. 데이터의 근본 성격 파악 → 데이터 집합과 개체 식별

2. 데이터의 종속성 분석 → 데이터의 독립성 확인과 모델 골격 조망

무릇 내공(內功)이 깊으면 연공(年功)은 자유롭다고 했다. 한때의 유행 같은 기술이 아닌, 분석과 설계 실력을 탄탄하게 다져줄 모델링의 중요한 개념과 이론, 그리고 이에 기초한 실전 사례들을 앞으로 충분히 만나보게 될 것이다. 물론 이러한 견해가 아직 익숙지 않고 귀결 과정이 단박에 이해되지는 않을 수 있다. 조급함을 버리고 설명을 차분하게 쫓아오다 보면 그동안 모호했던 모델링 방법과 이론들이 꼬리에 꼬리를 물고 점점 쉽게 이어지는 것을 체감하는 순간을 경험하게 될 것이다.

이상으로 **업무를 데이터 중심으로 바라볼 수 있는 시선**을 소개하며 데이터 모델링을 위해 **데이터를 이해한다**는 것이 무엇인지 알아보았다. 이 책은 모델링에 대한 기술적인 기법보다는 모델링에 대한 방법론과 데이터 구조에 대한 이해와 통찰을 돕는 내용으로 구성되어 있다. 그런 의미에서 이번 스토리는 데이터 모델링의 본질과 마주할 수 있도록 정성스럽게 준비한 잔치로의 초대장인 셈이다.

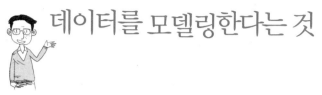

데이터를 모델링한다는 것

디멘션 모델링, 데이터의 관점을 읽어 모델링하다

[표 4-1]은 한 회사의 상품 판매량 집계 결과다.

표 4-1 다양한 관점에서 본 상품 판매량

2014년		상품 유형 A		상품 유형 B	
지역 중분류	지역 소분류	상품 번호 A0	상품 번호 A1	상품 번호 B0	상품 번호 B1
강원도	춘천시	3	4	1	2
	원주시	43	5	6	**87**
	…	…	…	…	…
경기도	…	…	…	…	…
…	…	…	…	…	…

위 표와 같이 판매 데이터를 관리하려 하면 데이터 모델링을 어떻게 해야 할까? 표를 유심히 관찰해보면 각 셀의 값을 결정하는 데 지역, 상품, 기간(년도)이라는 3가지 정보가 영향을 주었음을 확인할 수 있다. 판매량을 집계하는 **기준**이 존재하는 것이다. 예를 들어 위 표의 87이라는 값은 상품 B1이 강원도 원주시에서 2014년 한 해 동안 87개 판매되었다는 **사실**을 나타낸다. 다시 말해 표의 87은 강원도 원주시라는 지역, 상품 유형은 B고 상품 번호는 B1인 상품, 그리고 2014년이라는 기간, 이 세 가지 **관점(디멘션)**이 결합된 값이다.

87이라는 값이 정보로서 비즈니스적인 가치를 가지려면 그 값을 해석하는 맥락^{context}이 명확해야 한다. 87이 어떤 상황에서는 경기도 수원시에서 2013년에 발생한 상품 B1의 반품량을 의미할 수도 있다. 따라서 데이터 모델링에서 맥락은 중요한 기준 정보로서 모델의 구조를 지배하게 된다. 더불어 지역과 상품은 그룹핑 구조를 가지고 있다. 표에서 지역 중분류와 지역 소분류, 상품 유형과 상품 번호가 이에 해당한다.

지금까지 살펴본 내용을 수학적 개념으로 모형화하면 [그림 4-1]과 같다.

그림 4-1 상품 판매량 표의 개념적 표현

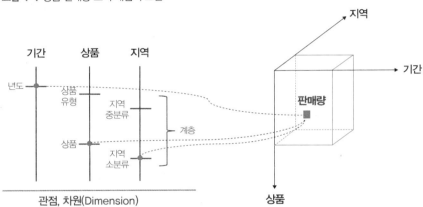

위 그림은 판매량이라는 팩트(사실 값)와 이 값을 정의하는 데 필요한 3가지 표현 방식, 즉 디멘션(차원) X, Y, Z의 좌표로 모형화되었다. 팩트를 만들기 위한 디멘션은 얼마든지 추가될 수 있으며, 각 디멘션은 팩트를 표현하는 하나의 관점이 된다. 이처럼 디멘션은 팩트를 그룹화하거나 한정화(필터링)하는 목적으로 사용될 수 있다.

일반적으로 디멘션 혹은 그룹핑을 위한 논리적인 계층구조는 1:N 형태의 엔터티 간 부모-자식 관계를 만든다. 팩트를 규정하는 개별 디멘션은 각각 테이블로 만들어져 팩트 테이블의 상위 테이블이 되어야 하며, 디멘션 내의 계층구조를 표현하려면 각 디멘션은 다시 상·하위 테이블로 분리되어야 한다. 현대, 기아, 쌍용을 묶는 상위의 개념으로 국산 완성차업체라고 정의하는 것처럼 사실 일상생활에서도 이러한 상·하위 개념은 쉽게 확인할 수 있다.

팩트 테이블인 〈판매〉는 각 디멘션 테이블의 기본 키$^{Primary\ Key}$(PK)를 외래 키 $^{Foreign\ Key}$(FK)로 하여 서로 관계로 연결된 하위 테이블로 만들어진다. [그림 4-2]에서 [그림 4-4]는 이상의 설명을 토대로 그린 개념도, 데이터 사례 테이블, ERD다.[1]

그림 4-2 상품 판매량 데이터의 디멘션과 그 계층구조

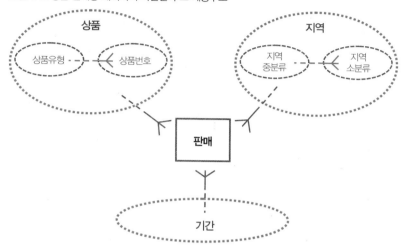

그림 4-3 상품 판매량 팩트 테이블들의 관계

지역소분류		
지역중분류코드	지역소분류코드	지역소분류명
101	10102	강릉시
101	10103	속초시
101	10104	원주시
...	...	...

상품		
상품유형코드	상품번호	상품명
B	B0	NEO
B	B1	MSC
B	B2	CLA
...	...	...

기준년도
년도
2014
2015

판매					
년도	상품유형코드	상품번호	지역중분류코드	지역소분류코드	판매량
2014	B	B1	101	10101	2
2014	B	B1	101	10102	3
2014	B	B1	101	10104	87
2014	B	B1	102	10201	21
...	...	...	...	...	...

----

1 예시한 구조가 절대적인 것은 아니며, 목적과 쓰임새에 따라 다양한 형태로 구현할 수 있다. 예시한 형태는 잠시 후에 설명할 데이터웨어하우스의 다차원 모델링 기법 중 스노우플레이크(Snowflake) 스키마에 해당한다. 일반적으로는 스노우플레이크 스키마는 성능 등의 이유로 또 다른 모델링 기법인 스타(Star) 스키마에 비해 많이 사용되지는 않는다.

그림 4-4 상품 판매량 ERD

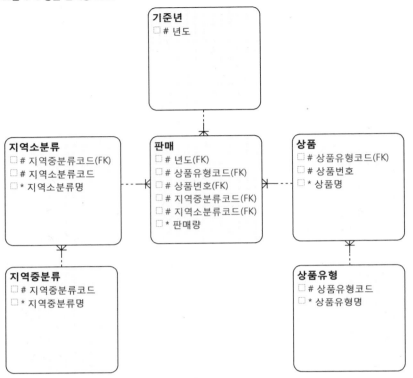

기준년
- □ # 년도

지역소분류
- □ # 지역중분류코드(FK)
- □ # 지역소분류코드
- □ * 지역소분류명

판매
- □ # 년도(FK)
- □ # 상품유형코드(FK)
- □ # 상품번호(FK)
- □ # 지역중분류코드(FK)
- □ # 지역소분류코드(FK)
- □ * 판매량

상품
- □ # 상품유형코드(FK)
- □ # 상품번호
- □ * 상품명

지역중분류
- □ # 지역중분류코드
- □ * 지역중분류명

상품유형
- □ # 상품유형코드
- □ * 상품유형명

디멘션과 팩트의 관계, 그리고 이것이 데이터 모델에서 부모–자식 관계로 어떻게 구현되는지 이해하는 데는 큰 어려움은 없었을 것이다. 디멘션이 팩트를 결정하는 기준 정보로서의 부모 역할을 하게 된다는 것, 어떤 팩트를 결정하는 유형과 개념은 반드시 그 팩트의 상위로 올라가야 함을 이해하는 게 중요하다. 한 번 이해해두면 앞으로 다양한 사례에서 활용할 수 있을 것이다.

비교적 간단한 판매량 표의 데이터를 보며 디멘션과 그룹핑 구조를 확인했다. '기간별, 지역별, 상품별' 판매량에서 '~별' 디멘션은 데이터를 해당 디멘션으로 한정하는 동시에 구조화할 수 있는 힌트를 준다. 또한 지역 중분류, 지역 소분류와 같은 그룹핑 구조는 유형화를 위한 데이터 계층 조직화에 대한 실마리를 제공함을 이해했을 것이다.

데이터를 모델링한다는 것은 이처럼 데이터를 이해하고 유형화하고 구조화하는 과정이다. 데이터에는 본질을 기준으로 한 몇 가지 유형이 존재한다. 또한 데이터 간에는 종속 관계와 계층 관계도 있음을 앞으로 학습할 것이다. 이를 통해 데이터의 저장 구조를 최적화하는 방법론의 핵심에 좀 더 가까이 다가갈 수 있을 것이다.

OLTP와 OLAP의 서로 다른 세계, 그리고 데이터 모델링의 목표

사실 앞 절에서 사용한 디멘션과 팩트 개념은 데이터웨어하우스Data Warehouse (DW)나 비즈니스 인텔리전스Business Intelligence (BI)라는 정보 분석 영역의 언어다. 더불어 앞서 살펴본 판매량 데이터 모델은 어떤 영역에서는 효율적이지 않은 구조일 수도 있다. 왜 그럴까? 왜를 알려면 기관(기업)의 정보 흐름을 알아야 한다. 데이터웨어하우스에 대해 살펴보기 전에 다음의 데이터를 성격과 목적에 따라 두 부류로 구분해보자.

1. 은행 고객 A의 계좌 X의 잔액

2. 이동통신 고객 B의 서비스 회선 010-1234-5678번의 최근 1년간 시간대별 통화량

3. 제조회사 C의 상품 Y의 재고량

4. 은행 고객 A의 계좌 X에 대한 최근 6개월간 평균 잔액

5. 이동통신 고객 B의 서비스 회선 010-1234-5678번에 대한 이번 달 통화 내역

6. 제조회사 C의 2014년 분기별, 지역별, 고객 유형별 상품 선호도

앞에서 홀수 번 데이터들은 온라인에서 이루어진 트랜잭션을 데이터베이스에 저장한 거래 처리 데이터다. 반면 짝수 번은 이미 데이터베이스에 저장된 거래 데이터를 가공한 분석 정보다. 기업 운영에 필요한 의사 결정 관점에서는 전자인 거래 처리 데이터보다 후자인 분석 정보가 더 큰 가치를 가진다.

거래 처리 영역과 분석 정보 영역은 본질적으로 다른 목적을 가진다. 거래 처리 영역은 비즈니스 활동 자체를 지원한다. 반면 분석 정보 영역은 비즈니스 활동에 대한 측정, 평가, 분석, 예측, 개선 등을 지원한다. 은행 업무를 예로 든다면 거래 처리 영역에서는 계좌 개설, 입금, 출금, 이체 등이 처리된다. 그리고 분석 정보 영역에서는 거래 결과에 기반하여 특정 기간 고객의 평균 잔액, 여신 처리를 위한 고객의 신용도 변화 등을 다룬다.

나한빛: 수석님. 한 가지 의문이 드는군요. 거래 영역의 기초 데이터에서 분석 영역의 정보가 도출되잖아요. 그렇다면 분석 정보가 필요할 때마다 거래 영역에서 계산하면 되니까, 이론적으로는 분석 영역이 별도로 필요하지 않은 거 아닌가요?

정수석: 분석 정보 영역이 별도로 필요하지 않은 거 같다...

나한빛: 네. 게다가 분석 영역은 어쩌면 거래 영역의 중복 데이터로, 데이터 정합성에 문제가 될 것 같기도 하고요.

정수석: 분석 정보 영역을 별도의 데이터베이스로 구축할 필요가 있느냐에 대한 질문인데, 좋은 질문이야. 뭐든지 당연하게 받아들이기보단 한번쯤 '왜'라고 되묻는 게 좋지.

나한빛: 수석님이 그렇게 말씀해주시니 다행이네요. 사실 얼토당토않은 질문 같아서 여쭤 봐도 되나 싶었거든요.

정수석: 나선임 질문에 답변하자면, 우선 분석 정보가 필요할 때마다 거래 영역에서 데이터를 직접 추출해서 가공하는 것은 현실적으로 꽤 어려운 일이야. 예를 들어 지역별 연간 판매량이나 고객 유형별 상품 선호도와 같은 정보를 분석하려면 몇 천만 건의 구매 데이터를 집계해야 할지도 모르는 일이지.

나한빛: 그럼 거래 영역 데이터베이스에 과부하가 발생하겠네요.

정수석: 그렇지. 그렇게 되면 의사 결정은 물론이고, 당장 고객이 요청한 급한 거래도 제때 처리하지 못할 수도 있지.

이상으로 데이터는 그 성격과 목적에 따라 거래 처리 데이터와 분석 정보 데이터로 나뉘며, 각각을 별도의 영역에서 관리한다는 사실과 그 이유를 알아보았다. 여기서 거래 처리 영역을 OLTP^{On-Line Transaction Processing}라 하고, OLTP에 저장된 운영 데이터를 통합하고 변환하여 분석 정보를 생산하는 영역을 OLAP^{On-Line Analytical Processing}이라 한다. 통상적으로 OLAP은 DBMS나 OLAP 애플리케이션과 같은 정보 분석 도구를 의미하는 용어로 많이 사용되며, OLTP에 대응되는 개념으로는 데이터웨어하우스(DW)라는 용어를 흔히 사용한다. 그러나 DW 역시 분석 정보를 위한 통합 영역으로서의 데이터베이스를 의미하는 컬러가 강하므로, 거래 처리에 대응되는 개념으로서 분석 영역을 의미하는 용어로는 OLAP이 더 자연스럽게 느껴진다.

여기서 우리가 주목할 점은 OLTP와 OLAP이 지향하는 목표가 극명하게 다르다는 것이다. 두 영역에서는 데이터의 발생과 관리 단위, 성격, 종류와 수명 주기뿐 아니라 사용되는 질의의 형태가 완전히 다르다. 목적이 다르므로 OLTP 모델링과 OLAP 모델링에도 근본적인 차이가 존재한다. 우리는 이 점을 충분히 이해해야 한다. 소 잡는 칼과 닭 잡는 칼은 크기와 모양에서 다를 수밖에 없다. 쓰임새가 다르니 필요에 최적화된 도구가 요구되는 것이다. OLTP와 OLAP에서 사용되는 모델도 마찬가지다. 두 영역에서 데이터 모델은 쓰임새, 목적, 가치가 다름을 명확히 인식하고 앞으로의 우리 여정이 어디에 집중되어야 할지, 어떤 목적으로 모델링해야 할지 알아보자.

표 4-2 OLTP와 OLAP 비교

구분	OLTP	OLAP
목적	비즈니스 활동(거래) 지원	비즈니스 활동에 대한 평가, 예측
트랜잭션 유형	insert, update, delete, select	select
데이터 수명 주기	실시간	ETL[2] 일정에 따른 주기
관리 단위	정규화가 수행된 테이블	분석을 위한 관련 정보
시간성	현재 데이터	과거 데이터
설계 기법	정규화에 기반한 ER 모델링	디멘션 모델링
최적화 방향성	데이터 갱신 효율성, 무결성 극대화	조회 성능, 사용성, 접근 편의성

----

2 데이터 추출(Extraction), 변환(Transformation), 적재(Loading)의 약자

OLTP는 비즈니스 트랜잭션의 원활한 처리를 최우선으로 한다. 빈번한 거래 데이터의 입력, 수정, 삭제 과정에서의 효율성, 즉 효과적인 갱신이 주요 목표다. RDB에서 테이블들을 정규화하는 이유는 사실 데이터 갱신을 효율적으로 처리하기 위함이라고 할 수 있다. 스토리 7 '정규화 이론'에서 자세히 다루겠지만, 정규화를 하면 데이터가 함수적 종속성에 기반하여 집약되므로 중복은 최소화되며 무결성은 극대화된다. 예를 들어 고객의 연락처 정보가 제대로 정규화되지 않았다면 거래 트랜잭션마다 이 정보가 중복 포함될 수 있다. 이 상태에서 특정 고객의 연락처가 바뀌면, 해당 고객의 모든 거래 정보를 찾아 연락처 정보를 일일이 갱신해야 한다. 거래 트랜잭션이 대용량이라면 견디기 힘들 것이다. 또한 OLTP 모델은 엔터티 사이의 관계, 데이터 발생의 전제, 선행 규칙이 최대한 표현되어야 한다. 상품이 없는 주문이나 고객(주문자)이 없는 주문이 발생해서는 안 되기 때문이다. 요약하면 OLTP 운영 데이터의 관리 단위는 정규화된 테이블이며, 그 데이터는 실시간으로 입력, 수정, 삭제된다고 전제한다.

반면 OLAP에서는 거래 데이터를 기초로 하여 효과적으로 분석하고 조회하는 것이 주된 관심사다. OLTP의 데이터 관리 단위가 정규화된 테이블이라면, OLAP에서는 분석과 집계를 위한 관련 데이터들의 묶음이 그 단위가 된다. 즉, 통합된 연관 정보가 효과적인 분석, 조회를 위해 구조화되어야 한다. 사실 OLAP 영역의 데이터는 갱신에서 무척 자유롭다고 할 수 있다. 2015년 2월 3일에 분석된 2015년 1월의 평균 판매량이 며칠 후 갱신될 확률은 높지 않다. 따라서 OLAP에서는 정기적으로 적재되고 갱신되는 OLTP 데이터를 기초로 분석 관점에서 통합된 관련 정보를 빠르게 제공할 수 있게 모델링되어야 한다.

이렇게 OLTP와 OLAP은 근본적으로 목적이 다르므로 각각을 위한 데이터 모델링 역시 다르게 접근해야 한다. OLTP는 정규화를 중심으로, OLAP은 분석, 집계의 관점, 디멘션을 중심으로 모델링해야 한다.

OLAP 영역은 리포팅 도구, 다차원 분석 도구, 각종 애플리케이션, 혹은 BI 사용자와 같은 데이터 소비자가 조회와 분석을 잘할 수 있도록 데이터를 정제해서 저장하는 곳이어야 한다. 따라서 OLAP 영역 설계는 데이터 소비자에 맞춰져야 하며, 이는 어떤 기준과 경로(직접 쿼리 포함)로 접근하고 분석해도 일정 수준의 성능을 보장해야 함을 의미한다. 따라서 OLAP의 데이터 모델은 OLTP 데이터 모델보다 정규화가 덜 된 형태일 수 있으니, BI의 초보 설계자는 OLAP의 반정규화^{denormalization}된 모델을 정규화하고 싶은 유혹을 뿌리쳐야 한다.[3]

이상으로 정보의 흐름에 따라 데이터 모델의 지향점이 어떻게 다른지, 어떻게 구조화되어야 하는지 살펴보았다. OLTP 영역을 구성하는 모델이 관계형 데이터 모델이라면, OLAP 영역을 구성하는 모델은 다차원$^{multi-dimension}$ 모델이라고 할 수 있다. 우리는 비즈니스 트랜잭션 처리를 위해 정규화 이론에 기반한 RDB 모델의 관점에서 모델링을 공부하게 될 것이다.

데이터 모델링은 업무 데이터를 읽고 이해하여 이를 조직화하고 구조화하는 과정이다. 따라서 데이터 모델링에는 업무 데이터를 충분히 이해하는 것이 선행되어야 한다. 물론 데이터를 이해한다는 것에는 데이터의 관점과 차원, 데이터 간의 관계, 주변 맥락을 명확히 정의하는 것이 포함되어야 한다.

---

3 이 책은 데이터 모델링에 집중하기 위해 데이터웨어하우스에 대한 내용은 모델링의 본질과 목적 구분에 필요한 최소한만을 소개한다.

Story 05

범주화와 추상화, 엔터티의 본질

범주화에 대한 흥미로운 실험

[그림 5-1]을 보자. 판다, 원숭이, 바나나가 보일 것이다. 이 셋 중 관련이 더 높은 둘을 묶어보라.

그림 5-1 어느 둘을 묶을 것인가?

여러분은 어떤 선택을 하였는가? 미시간 대학교 비교문화심리학 교수 니스벳Richard E. Nisbett의 실험에 따르면 동양인과 서양인의 반응이 극명하게 다르다고 한다.

동양인은 원숭이와 바나나를 하나로 묶지만 서양인은 원숭이와 판다를 묶는다는 것이다. 이유는 간단하다. 동양인의 인식 체계는 현상과 관계를 중시한다. 따라서 '원숭이는 바나나를 좋아한다'라는 행위적 관점에서 바라보므로 이 둘이 더 밀접하다는 결론에 도달한다. 반면 서양인의 인식 체계는 범주에 의한 분류, 사물의 본질을 중시한다. 여기서 본질essence은 사전적 의미 그대로 '대상의 가장 핵심적이고 필수적인 속성'을 뜻한다. 그 결과 같은 포유동물인 원숭이와 판다가 식물인 바나나보다 가깝다고 느낀다.

사물 인식에 대한 재미있는 사례를 하나 더 살펴보자. [그림 5-2]의 두 사진 중 어느 쪽의 2번 친구가 더 행복해 보이는가?

그림 5-2 어느 사진의 2번 친구가 더 행복할까?

이 실험에 서양인은 두 사진 속의 친구가 똑같이 행복해 보인다고 한 반면, 동양인은 대체로 첫 번째 사진의 친구는 행복해 보이지만 두 번째 사진의 친구는 불행해 보인다고 답했다. 이번에도 답변이 극명하게 나뉘었고, 그 원인도 앞서와 비슷하다. 서양인은 어떤 현상의 원인이 개체 내부의 속성 때문이라고 생각하지만, 동양인은 그 개체를 둘러싼 상황과 연결되어 있다고 생각하기 때문이라는 것이다.

그런데 더욱 흥미로운 점은 동서양 문화와 철학, 언어, 교육적인 배경에 기인한 이러한 인식 차이가 데이터를 모델링하는 데도 큰 영향을 준다는 사실이다.

동양인은 맥락과 전체로 세상을 바라본다. 반면 고대 그리스 철학자들부터 시작해서 서양인은 세상을 명사 중심으로 인식하며 개체를 중요시했다. 부분과 개체의 본질적인 속성에 집중하며 세상을 개체의 집합으로 바라보아 더 분석적이고 원자론적인 시각을 갖도록 훈련되었다. 즉, 모델을 기반으로 한 범주화classification에 익숙하다. 개인주의적이고 독립적인 서양 사회의 특성이 전체 맥락에서 개별 사물을 떼어내어 분석하는 데 유리한 셈이다. 그리스 철학자들은 습관적으로 사물의 속성을 분석하고, 공통의 속성을 지닌 것들을 같은 범주로 분류하였다. 그런 후 각 범주를 지배하는 규칙들에 근거하여 그 범주에 속하는 사물들의 특징과 그 사물들의 행위의 원인을 설명하고자 했다.

정수석의 모닝커피

고대 그리스 철학자들이 세상을 이해하는 방식

1. 사물의 속성 자체에 주의를 기울이고,

2. 그 속성에 근거하여 범주화하고,

3. 그 범주들을 사용해서 규칙을 만들고,

4. 사물의 특성과 움직임을 그 규칙으로 설명한다.

이 방식은 실제 업무 세계를 서로 독립된 개체entity와 그 관계relationship로 분석하려는 데이터 모델링의 영역과도 맞닿아 있다.

규칙이나 범주를 사용하여 세상을 이해하는 데 덜 익숙한 동양인은 본질과 규칙을 적용하여 개체를 범주화하는 작업에 상대적으로 더 큰 어려움을 겪는 것 같다. 우리는 같은 범주가 아닌, 즉 규칙과는 무관한 개체 간의 표면적인 유사성에 영향을 받기 쉽다. 그런 이유로 이 책 절반 이상에서 비즈니스 맥락에서 본질이 되는 개체를 명확히 떼어내는 방법, 결국 **엔터티를 모델링**하는 연습을 집중적으로 하게 될 것이다. 겉으로 드러나는 현상과 우리가 인식하는 형식은 그것의 본질, 즉 궁극적 원인과 분리되어야 한다. 우리는 피상적인 현상에만 집착하지 말고 근본적인 존재, 성질, 모습을 분석해야 한다.

이제 사례를 통해 개체의 본질적인 정보와 역할 정보를 구분하는 연습을 해보자.

대학의 학사관리 이해관계자를 통한 역할의 이해

나한빛 선임은 정동훈 수석이 생각해보라며 내준 모델링 퀴즈를 푸느라 고민 중이다. 대학의 학사관리를 위해 〈교수〉, 〈학생〉, 〈직원〉이라는 세 가지의 **사람** 범주에 속하는 엔터티를 만들었다.

그리고 이 엔터티를 기반으로 모델을 상세화하다가 이내 몇 가지 문제에 봉착했다.

나한빛: 〈학생〉에는 학부생뿐 아니라 대학원생도 포함되는데, 대학원생 중 조교는 교수처럼 강의도 할 수 있잖아. 이런 사람들은 〈학생〉과 〈교수〉 중 어느 엔터티에서 관리해야 하는 걸까?

나한빛: 학점 정보는 〈학생〉 쪽, 담당 강의와 같은 정보는 〈교수〉 쪽 엔터티 하위에서 관리하면 되겠네. 그런데 주민등록번호와 휴대폰번호 같은 이도저도 아닌 정보는 어디에 두어야 하는 걸까? 그냥 두 엔터티 모두에 중복해서 관리해야 하나? 이거 뭔가 찜찜한데...

나한빛: 얼마 전까지 박사과정 학생이었던 A가 어느 날 조교수가 될 수도 있지 않나? 자주는 아니지만 충분히 있을 수 있는 일일 거야. 이런 경우에는 〈학생〉 쪽에 있던 데이터는 모두 날리고 〈교수〉 쪽으로 이동하는 게 맞는 걸까? 이거 점점 복잡해지는데...

유사한 맥락의 사례를 하나 더 살펴보기로 하자. 빛나은행에 근무하는 은행원 B는 자신의 급여 계좌도 빛나은행에 개설했다. 동시에 부업으로 은행에 사무용품을 납품하는 개인사업자이기도 하다. 즉, 분명한 물리적 개체인 사람 B가 빛나은행의 직원, 고객, 공급자라는 3가지 배타적인 행위(비즈니스)를 수행하는 셈이다.

빛나은행의 정보시스템에서 직원, 고객, 공급자의 정보를 별도의 엔터티로 관리한다면 〈직원〉 엔터티의 B와 〈공급자〉 엔터티의 B는 완전히 다른 개체로 취급된다. 이는 바로 고객관계관리customer relationship management(CRM)의 고객 통합 영역에서 항상 언급되는 **동일인 인식** 문제에 해당한다.

앞서 원숭이와 바나나 이야기를 하면서 본질과 현상을 구분해서 볼 수 있어야 한다고 했다. 그렇다면 대학과 은행 사례에서의 본질은 무엇일까? 그리고 현상은 무엇일까? 물리적으로 유일한 B라는 개체의 정보, 즉 성명과 같은 사람으로서의 근본적인 정보가 바로 **본질**에 해당한다. 이는 그 사람이 비즈니스적으로 어떤 행위에 관여하는지와 무관한 자연인으로서의 정보다. 반면 B가 수행하는 직원, 고객, 공급자라는 3가지 배역은 **현상**으로 보아야 한다. 일반적으로 이와 같은 논리적 맥락 혹은 배역을 모델링 영역에서는 역할role이라고 한다.

정수석의 모닝커피

본질과 현상

본질 = 사람으로서의 근본적인 정보(물리적으로 유일한 개체인 나)

현상 = 논리적 맥락이나 역할(학생, 교수, 은행원, 고객 등)

즉, B라는 존재는 인터넷 뱅킹으로 이체할 때는 고객이 되고, 프린터를 조달할 때는 공급자가 되며, 연말에 인사 고과를 받을 때는 직원이 된다. 하지만 아무런 비즈니스 역할을 하지 않아도 B는 엄연한 개체임이 틀림없다. 앞서 나한빛 선임의 고민은 결국 본질적 개체가 아닌 역할별 개체만을 관리할 경우에 발생할 수 있는 문제점에 정확히 닿아있다. 엔터티를 역할만으로 정의할 경우에는 개체의 본질적인 정보를 관리할 때 다양한 문제가 발생할 수 있음을 확인할 수 있다.

지금까지의 내용은 뒤에서 엔터티 모델링을 상세화하면서 더 깊게 다룰 것이다. 그러니 역할을 설명하며 거론한 여러 문제점의 해소 방안은 궁금해도 잠시 참고, 본질과 현상의 차이를 다시 한 번 잘 새겨보기 바란다.

어떤 개체들의 집합을 엔터티로 관리하려면, 그 개체의 성격을 깊이 관찰하고, 인식의 창이 아닌 본질이라는 틀에서 오랫동안 고민해봐야 한다. 그래야만 좋은 모델이 나올 수 있다. 나의 어머니는 한 남자의 아내인 동시에 외할아버지의 딸이기도 하다. 어머니를 어머니로만 바라보지 않고 한 여인, 존엄한 인격체로서 바라보게 되면 그 전에는 보이지 않던 풍경이 들어오기 시작한다.

범주화와 추상화

데이터 모델링이 단순히 네모 박스에 속성을 채우고 선으로 연결하는 것이 전부처럼 보였을지도 모르겠다. 하지만 앞에서 살펴본 사례들을 통해 데이터 모델링이 무엇을 지향하며, 제대로 된 모델링을 위해서는 어떤 것에 집중해야 하는지 대략적인 감을 잡았을 것이다. 여기에 범주화classification와 추상화abstraction 개념을 더하면 데이터 모델링이 무엇인지 훨씬 또렷해진다.

복잡한 현실 업무의 속성과 규칙을 모델로 정형화하려면 먼저 비즈니스 문제 영역의 데이터를 관찰해서 그 안에 숨어 있는 유형과 관계를 찾아내야 한다. ERD와 같은 형태로 형상화하기 위해서는 문제 영역을 자연스럽게 일정한 크기의 덩어리로 나누게 되는데, 이 과정에서 범주화와 추상화라는 개념이 필요하다. 범주화는 앞서 언급했듯 유사한 것들을 일정하게 묶는 프로세스며 추상화는 문제 영역에서 가장 핵심적인 특성만을 추리는 과정이다. 사실 그 개념을 모르는 사람이라 할지라도 무의식적으로 범주화와 추상화 프로세스를 거치게 된다.

소프트웨어 공학 전반에서 중요한 개념으로 사용되는 추상화는 그 정의도 다양하다. 그중 서울대 교육학용어사전이 모델링 관점에서 비교적 만족스럽게 정리한 것 같아서 인용해본다.

추상화는 구체적 사물들의 공통된 특징, 즉 추상적 특징을 파악하여 인식의 대상으로 삼는 행위다. 추상화가 가능한 개체들은 그것들이 소유하고 있는 특성의 이름으로 하나의 집합class을 이룬다. 그러므로 추상화한다는 것은 여러 개체를 집합으로 파악하는 것과 동일하다.

사전적 정의를 조금 쉽게 풀어보면 추상화란 '어떤 관점^{view}을 기준으로 관심 없고 복잡한 특성은 걷어내고 핵심만을 간추리는 행위, 그 과정에서 유사한 것들은 하나의 집합으로 파악하는 것'으로 다시 정의해볼 수 있다.

그림 5-3 피카소가 그린 개

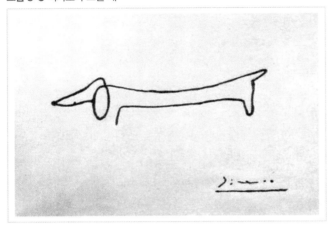

예를 들어 병무청은 홍길동의 몸무게에 관심을 가질 수 있으나 통신회사에서는 전혀 관심이 없다. 결국 데이터 모델링이란 캐리커처처럼 생략을 통해 대상의 본질과 특징을 드러내어(추상화) 업무에 필요한 데이터를 성격이 유사한 것끼리 모아놓는 과정(범주화)이다. 여기에서 데이터의 성격이 바로 앞의 추상화 정의에 기술된 관점에 해당한다. 유사한 것끼리 묶어놓으려면 당연히 데이터의 성격을 이해해야 하며, 데이터가 생성되는 규칙을 읽을 줄 알아야 한다. 이는 마치 우리가 필요할 때 쉽게 찾아 쓸 수 있도록 용도가 유사한 물건들을 한데 모아두는 것과 같다.

사물의 본질적 속성에 집중해서 범주화하면서 독립적인 개체를 식별하고 정의하는 작업이 생각처럼 쉽지는 않다. 객체지향 개념을 머리로는 이해하지만 가슴으로 받아들이고 내재화하기는 쉽지 않은 것처럼 말이다. '책장에 책을 꽂는다'라는 일상의 언어가 객체지향 개념으로는 '책장 개체에 책을 꽂으라'는 명령을 전달한다는 뜻이다. 이런 사고방식을 빠르게 수용하기는 사실 어렵다. 이러한 개체 중심의 사고와 더불어, 어디까지를 범주화하여 한 덩어리의 개체로 정의하느냐의 애매함 역시 개체-관계 모델을 그리는 데 있어 치명적인 약점으로 작용한다. 그러나 필자는 이 책을 통해 독자들이 이러한 어려움을 극복하는 힘을 얻게 될 것이라고 믿는다.

덧붙여 추상화와 관련해서 한 가지 주의할 점이 있다. 극단적인 추상화의 결과물은 장점과 단점을 동시에 지닌다. 예를 들어 세상을 극단적으로 추상화하면 시간과 공간으로 표현할 수 있고, 한 단계 수준을 낮춘다고 해도 시간은 사계절로, 공간은 오대양 육대주로 굉장히 거칠게 구분할 수 있다. 추상화는 현실의 복잡함을 단순화하여 일목요연하게 파악하게 해주는 도구가 될 수도 있는 반면, 단순화하는 과정에서 구체성과 다양성이 소거되어 실재를 정확히 반영하지 못할 수도 있다. 따라서 우리는 추상화 수준을 항상 고심하게 되며, 적절한 절충점을 결정하는 것 역시 모델러의 필수 역량이다.

데이터 모델링이란

- 엔터티란 업무 수행에 필요한 데이터를 성격이 유사한 것끼리 모아놓은 집합이다.
- 모델링이란 정보를 담는 최소 단위인 속성의 종속성을 분석하여 유사한 것끼리 모으고 독립적인 것은 분리하는 과정이다.
- 이러한 과정을 통해 속성의 제 위치(엔터티)를 찾아낼 수 있다.
- 즉, 관계형 데이터 모델은 나의 정보는 내가 집약해서 갖고, 남의 정보는 필요할 때 관계를 통해 찾아서 원하는 뷰를 만들어내는 구조다.
- 데이터 모델링이란 결국 어떤 개체가 속하는 범주를 규명하여 개체 집합을 분리하고 묶는 수준을 고민하는 과정이다.

Story 06

데이터 모델링은 2차원 표에
데이터를 어떻게 담는 것이
최선인지 고민하는 과정이다

데이터 독립성과 데이터 모델링의 실질적 정의

데이터 모델링은 모델을 만드는 행위 또는 만드는 과정에 관계된 모든 것을 의미한다. 그렇다면 모델이란 과연 무엇일까? 더불어 데이터 모델은 왜 만들어야 하는 것일까? 누구나 아는 질문 아니냐고 반문할지도 모르지만, 앞으로의 논의에서 가장 기본이 되는 개념이니 다시 한 번 생각해보자.

모델을 우리말로 번역하면 모형 정도가 될 것이다. **모형**은 사전적 의미 그대로 **실물**을 모방하여 간단하게 만든 물건이다. 그렇다면 데이터 모델의 실물은 무엇일까? 우리는 데이터라는 콘텐츠를 담을 그릇이 필요한 것이고, 이 그릇을 IT스럽게 얘기하면 구조 정도로 표현할 수 있을 테니, 실물은 결국 **데이터의 저장 구조**가 될 것이다. 따라서 우리가 만드는 모델은 데이터가 최종적으로 저장되는 구조를 백지 위에 네모 박스와 선으로 그린 그림이다.

윈도우에서 디스크 조각 모음을 해본 경험이 있다면, 사람이 파일시스템에서 정보의 최소 단위로 인식하는 파일이 실제로는 디스크의 여기저기에 물리적으로 흩어진 블록 조각들의 모음이라는 사실을 이해할 것이다. 연속적이지 않은 블록들을 OS가 묶어서 하나의 논리적인 파일로 인식할 수 있도록 도와주는 것이다.

사실 우리가 물리적으로 존재한다고 생각하는 파일은 물리적 실체가 없다. 디스크에 할당되어 데이터가 저장된 블록만이 실재할 뿐이다. OS 덕분에 파일이 물리적으로 존재한다고 믿게 되는 것이다. 결국 파일은 논리적인 개념이다. 블록들의 모음으로서의 파일이라는 개념이 상위에 존재하기 때문에 우리는 블록 수준을 인지하지 않고, 또 이해할 필요 없이 훨씬 더 수월하게 자료를 복사하고 삭제하는 등의 작업을 할 수 있다.

그림 6-1 파일시스템에서 물리적 블록과 논리적 파일의 관계

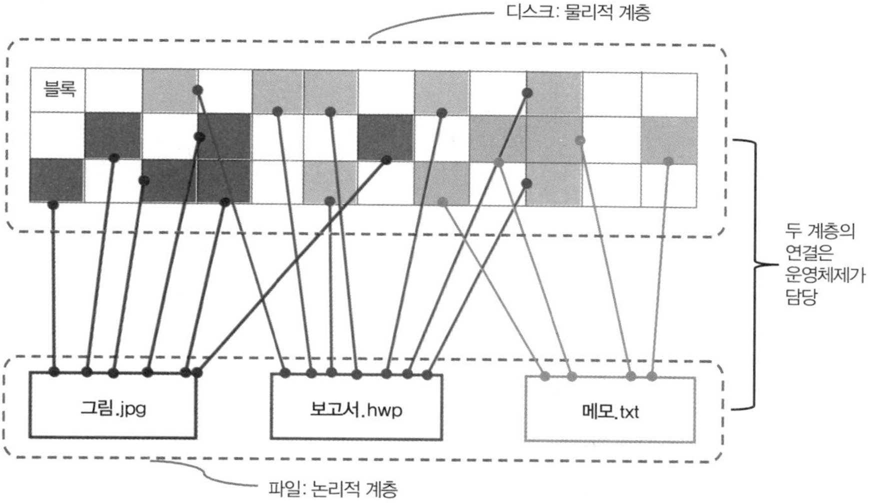

다음은 ANSI/SPARC의 3단계 데이터 독립성 스키마 구조에 대한 개념도다. **데이터 독립성**의 개념은 데이터베이스의 근간이 되는 사상으로, 반드시 이해하고 넘어가야 한다. 외부, 개념, 그리고 내부의 데이터 계층layer에 대한 이해가 부족하여 외부 스키마를 개념 스키마 계층에 생성하는 등 데이터의 통합성을 저해하고 중복 데이터를 양산하는 경우를 현장에서 자주 목격하게 된다.[1] 그럼 함께 3단계 데이터 독립성 스키마에 대해 살펴보자.

---

1 최종 사용자가 보는 화면별, 업무 흐름의 프로세스별로 테이블을 생성하는 경우가 대표적이다.

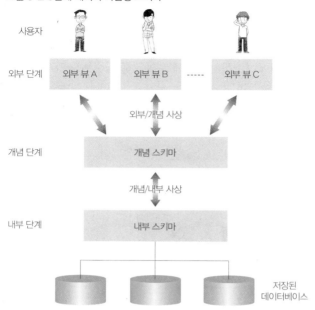

그림 6-2 3단계 데이터 독립성 스키마

사용자

외부 단계   외부 뷰 A   외부 뷰 B   -----   외부 뷰 C

외부/개념 사상

개념 단계   개념 스키마

개념/내부 사상

내부 단계   내부 스키마

저장된
데이터베이스

데이터 독립성 스키마 구조의 내부 스키마와 실제 디스크의 저장 구조와의 관계는 앞서 설명한 파일시스템의 파일과 블록의 관계와 유사하다. 실제 데이터가 저장되는 디스크의 저장 구조, 즉 그림에서 내부 스키마의 아래쪽은 굉장히 복잡해서 일반 개발자가 완전히 이해하여 설계와 구현에 반영하기는 쉽지 않으며, 또 그렇게 할 필요도 없다. 오라클과 같은 DBMS는 데이터 독립성을 유지하고 과도한 복잡함을 숨기기 위해 한 단계(계층) 더 추상화된 내부 스키마를 제공하기 때문이다. 내부 스키마는 우리가 보통 2차원 표 구조로 인식하는 엑셀 시트와 같은 모습이다.

따라서 우리는 2차원 표 구조를 염두에 두고 모델을 만들면 된다. 실제로 DBMS는 데이터를 우리가 생각하는 표 형태로 차곡차곡 담지는 않는다. 이런 맥락에서 내부 스키마를 DBMS가 데이터를 담는 논리적인 구조라고도 할 수 있다. 내부 스키마에는 RDB의 테이블, 파티션, 클러스터와 같은 물리 모델이 만들어지게 된다. 그렇다면 물리 모델인데 논리적이라고 한 것이 모순되게 느껴질지도 모르겠으나, 이는 어떤 계층 혹은 어떤 관점에서 보느냐에 따른 상대적인 표현이라고 생각해야 한다.

앞서 파일시스템의 파일이 블록들을 묶어 정보의 물리적인 최소 관리 단위로 사람들이 논리적으로 인식할 수 있도록 도와주는 것이라고 했을 때의 논리적이라는 의미와 동일하다.

결국 우리는 내부 스키마 덕분에 저장 구조를 표 형태로 이해하고 사용하고 있다. 물론 서로 독립적인 내부 스키마와 실제 물리적 저장 구조를 어떻게 연결하느냐는 비싼 돈을 들여 도입한 DBMS의 몫이다.

이쯤에서 데이터 독립성 모델의 의미를 정리해보자. 3단계 스키마 구조의 최상단 외부 스키마는 사용자 개개인이 보고자 하는 정보 관점의 스키마다. 테이블들을 조인하여 원하는 집합을 만들어 보여주는 뷰가 정확히 이에 해당한다.[2] 개념 스키마는 개별 사용자 관점을 데이터 관점 혹은 데이터 유형으로 통합한 뷰다. 논리 데이터 모델이 이 계층에 위치한다. 마지막으로 내부 스키마는 데이터가 저장되는 스키마 구조로서 테이블 수준의 물리 데이터 모델을 의미하지만, 통상적으로는 물리 데이터 모델과 그 이하 OS 수준에서의 저장 구조까지 포함한다.

정수석의 모닝커피

3단계 스키마 구조

외부 스키마 = 사용자 개개인이 보고자 하는 정보 단위의 뷰

개념 스키마 = 개별 사용자 관점을 데이터 관점으로 통합한 뷰(DBMS와 무관)

내부 스키마 = 데이터가 DBMS에 저장되는 논리적 구조
  (DBMS 종류에 따라 달라질 수 있음. RDB는 2차원 표 구조)

여기서 주의할 점은 우리의 주요 관심 영역이 '개념 스키마'라는 것, 그리고 개념 스키마는 외부 스키마와 독립된 계층이라는 것이다. 그런데 주변에서는 마치 외부 스키마를 다루듯 테이블을 화면별, 보고서 장표별, 심지어 업무 프로세스별로 만드는 경

---

2 여기서 뷰는 SQL을 통해 만들어낸 목적 집합이며, DBMS에서 관리되는 객체로서의 뷰로 이해해도 무방하다.

우를 심심찮게 목격할 수 있다. 이렇게 하면 스키마 계층의 독립성이 무너지고 결합도 만 높아진다. 결국 화면이 변경될 때마다 새로운 테이블을 만들거나 기존 테이블을 변경해야 하며, 프로그램도 새로 개발하고 테스트해야 한다. 따라서 데이터 독립성의 가치를 정확히 이해하고, 데이터 독립성을 해치지 않도록 개념 스키마에 근거해서 모델링해야 한다. 당연히 개념 스키마는 외부 스키마보다 데이터의 본질에 가깝다.

우리가 만드는 것은 결국 저장 구조다. RDB의 저장 구조는 스프레드시트와 같은 2차원 표며, 그 표에 관리할 데이터를 어떻게 담는 것이 최적인지 고민하는 과정이 바로 데이터 모델링이다. 다시 말해 어떤^{what} 데이터를 어떻게^{how} 관리할지 2차원 테이블의 관점으로 생각하는 것이 모델링이다. 어떻게 담는 것이 최적인지는 그때그때 상황에 따라 미묘하게 달라지며, 이 책 전반에 걸쳐 이에 대한 방법론을 탐구할 것이다. 마지막으로 표에 담긴 하나의 행^{row}이 하나의 개체^{instance}며, 이러한 개체들을 구성 요소로 갖는 집합이 바로 엔터티^{entity}다.

개념 모델, 논리 모델, 물리 모델, 그리고 현실적인 논리 모델

> 나한빛: 수석님. 논리 모델은 물리적인 요소를 고려하지 않은 업무 관점의 모델이고 물리 모델은 이를 고려한 현실적인 모델이라고들 하는데, 저는 이 말이 잘 와 닿지 않아요.

> 정수석: 그래. 사전적인 정의나 단편적인 설명만으로는 충분히 이해되지 않을 수 있어. 구체적으로 궁금한 점들이 있을 것 같은데?

> 나한빛: 예를 들면 '논리 모델에 성능을 포함한 물리적인 요소, 즉 현실적인 항목을 반영하면 잘못된 것인가?'와 같은 거죠. 메타데이터 관리 시스템에 표준 용어를 등록할 때 데이터 유형과 길이 같은 물리적인 요소를 고려하잖아요. 그리고 용어는 논리 모델의 속성에 대응되고요. 그렇다면 논리 모델링 단계에서 물리적인 것을 고려하지 않을 수가 없는데, 그럼 잘못된 건가요?

정수석: 굉장히 흥미로운 질문이군. 내용을 좀 더 확장해서 논리 모델과 물리 모델 간의 차이가 심하면 모델링은 잘못된 것일까? 그렇지 않나?

나한빛: 맞아요. 그것도 궁금했는데, 저는 아직 답을 잘 모르겠더라고요. 같은 맥락에서 개념 모델은 어느 정도 수준의 모델인지도 모호해요. 개념 모델은 사람마다 생각하는 관점이 조금씩 다른 것 같더라고요.

본격적으로 '엔터티' 모델링에 들어가기 전에, 데이터 모델을 보는 3가지 관점인 개념 모델, 논리 모델, 물리 모델에 대해 좀 더 살펴보기로 하자. 모델링을 오랫동안 해온 사람들에게도 다소 논쟁거리가 될 수 있는 주제 몇 가지를 함께 논하다 보면 자연스럽게 이 모델들을 깊이 이해하게 될 것이다. 이를 통해 세 모델에 대한 독자만의 확고한 안목을 갖게 되기를 기대해본다.

우선 3가지 모델을 상세화 수준에 따라 교과서적으로 정리해본 후, 앞의 대화 속 질문에 관해 설명할 것이다.

'개념적'이라는 말의 뜻 때문에 오해할 여지가 있으나, 개념 모델은 개괄적이고 추상적인 모델이 아니다. 개념 모델은 모델을 상세화하기 전에 주요 엔터티를 정의하고, 엔터티의 주 식별자와 주요 속성까지 도출하여 엔터티 간의 관계까지 정리한 수준의 모델을 의미한다. 인간은 어떤 것을 이해해야 할 때 본능적으로 상세 내용은 나중으로 미루고 큰 줄기부터 보려 한다. 앞서 설명한 추상화라는 기법을 무의식중에 동원하는 것이다. 회사에서도 보고서를 작성할 때 A4 한 장으로 짧게 정리된 요약본을 따로 요구하는 관리자가 많다. 복잡하고 상세한 내용은 나중에 보고 당장은 핵심적인 것에 집중하고자 함이다. 개념 모델도 마찬가지다. 개념 모델은 모델러에게는 업무의 복잡도에 압도되지 않고 중요한 뼈대부터 설계하고 구성할 수 있도록 해준다. 상세하고 복잡한 것들은 핵심적인 것들이 결정된 후로 미루는 도구 역할을 한다. 동시에 마치 한 장으로 정리된 보고서처럼 이해관계자에게는 데이터 모델의 큰 틀big picture을 제공한다.

한 번 더 강조하지만, 개념 모델은 개괄적이고 추상적인 모델이 아니다. 좀 덜 구체적일 뿐이지, 구체적인 트랜잭션 관리를 위해 필요한 최상위의 주요 엔터티가 모두 도출되고 엔터티의 정체성에 해당하는 주 식별자는 물론이며 엔터티 간의 관계와 주요 속성이 모두 그려진 구체적인 모델이다.[3] 데이터 모델에서 핵심적인 것들이 모두 도출된 상태며, 품질 좋은 논리 모델을 만들어내기 위해서는 반드시 거쳐야 하는 상태라고 생각할 수 있다. 개념 모델이 충실하게 나왔으면 사실 데이터 모델링의 절반은 끝난 것이나 다름없다.

논리 모델은 개념 모델에 살을 붙여 더 상세화한 것이다. 주요 엔터티뿐 아니라 모든 엔터티와 개별 엔터티의 속성이 모두 도출된 구체적이고 정규화된 모델이다.[4] 데이터 모델링을 하는 이유는 결국 테이블을 만들기 위함이다. 논리 모델은 업무 데이터를 테이블 수준이 아닌, 정보 요구사항을 인간이 이해하기 가장 적합한 수준으로 통합하거나 분리한 형태의 모델이다.

....

3 모든 속성이 아니라 주요 속성이라고 표현한 것에 주목하자. 나머지 속성은 논리 모델링 단계에서 채운다.
4 정규화에 대해서는 다음 스토리에서 살펴본다.

개념 모델을 겨울 나무에 비유한다면, 논리 모델은 잎이 풍성한 여름 나무라 할 수 있다. 나뭇잎은 뿌리, 줄기, 가지가 없으면 존재할 수 없으니까...

데이터 모델링도 마찬가지야.

속성이 한글로 되어 있으면 논리 모델이고 영어로 되어 있으면 물리 모델이라는 우스갯소리도 있다. 사실 이런 자조 섞인 이야기는 '실전에서는 논리 모델과 물리 모델이 거의 1:1이다', '실질적인 논리 모델은 없다'는 것을 빗댄 말이라, 데이터를 업으로 하는 사람으로서 안타까울 뿐이다.

반면 물리 모델은 DBMS가 데이터를 담는 논리적인 구조다. DBMS는 대량의 데이터를 효율적으로 관리하기 위해 그 내부에서는 고도로 최적화된 독자적인 형태로 데이터를 저장한다. 성능과 자원 효율성, 유지보수성, 보안 등 여러 복잡 난해한 문제들을 신경 쓰지 않고도 우리가 여전히 데이터 구조를 테이블 형태로 인식하고 사용할 수 있는 것이 바로 이 DBMS 덕분이다. 실제 데이터는 테이블 형태로 쌓이지는 않지만, DBMS 덕분에 테이블 형태로 구조를 인식하고 사용하는 것이다. 이것이 물리 모델이다.

정수석의 모닝커피

3가지 모델 정리

개념 모델 = 주요 엔터티(주 식별자, 주요 속성)를 도출하고 엔터티 간의 관계를 정의한 모델

논리 모델 = 개념 모델을 상세화하여 모든 엔터티와 엔터티별 속성을 도출. 정보 요구사항을 인간이

이해하기 적합한 수준으로 그 구조를 정의하고 정규화한 모델

물리 모델 = RDB는 구조를 테이블 형태로 인식함. 성능 등 현실적인 요소를 고려하는 모델

이 정도면 상세화 수준에 따라 개념, 논리, 물리 모델이 어떻게 구분되는지 감을 잡았을 것이다. 그렇다면 처음에 언급한 화두에 대해 아래와 같이 답해봄으로써 현실적인 논리 모델은 어떤 모델이 되어야 하는지 정리할 수 있을 것이다.

1. 논리 모델에서 물리적 요소인 인덱스, 파티션, 클러스터, 뷰 등을 고려하는 것은 적합하지 않다. 이런 물리적 요소는 데이터 구조에 종속적이며 대부분 성능과 밀접한 것이라 물리 모델 단계로 그 고민을 미뤄두는 것이 맞다. 논리 모델은 앞서 설명한 데이터 독립성 스키마 중 '개념 스키마'에 집중하는 단계다.

2. 그러나 데이터 모델의 전체 구조를 결정짓는 주요 엔터티에 관련된 모든 결정은 논리 모델 단계에서 해야 한다. 주요 엔터티의 통합과 분리, 뒤에서 설명할 서브타입의 구현 등은 하위의 다수 비즈니스 트랜잭션 엔터티에 영향을 미치며, 이에 대한 결정이 늦어질수록 나중에 전체 구조가 변경될 여지가 생겨 리스크는 증가한다. 따라서 성능 이슈는 아니지만, 전체 구조에 영향을 미치는 요소들은 좀 더 일찍 결정하는 것이 바람직하다.

3. 속성의 데이터 타입은 물리 모델 단계에서 정의해야 한다는 주장도 있지만, 논리 모델 단계에서 정의하는 것이 바람직하다. 데이터 타입과 데이터 길이 같은 것은 업무 규칙이라고 봐야 하기 때문이다. 다시 말해 물리적인 영역이 아니라 업무의 영역이라고 봐야 한다는 것이다.

4. 논리 모델은 '인간'이 이해하기 적합한 수준으로 데이터를 보고, 관리하는 관점이다. 이 관점은 정규화 이론을 기반으로 데이터 중복을 최소화하면서 무결성을 극대화하는 관점이다. 물리 모델은 DBMS가 데이터를 담는 논리적인 관점으로, 무결성이 조금 손상되더라도 성능과 같은 현실적 이슈를 최대한 해결하기 위한 뷰라고 할 수 있다.

5. 논리와 물리는 이렇게 관점이 달라 차이가 충분히 발생할 수 있다. 그렇지만 현실적으로는 모델링 도구가 지원하는 논리-물리 전환의 기능에 제약이 있고, 또 개발 공정상의 제약도 있을 수 있다. 따라서 현실적인 논리 모델은 사람이 이해하기 가장 쉬우면서 가능한 한 테이블과 유사한 형태의 모델이어야 한다고 정리할 수 있겠다.

정수석의 모닝커피

현실적인 논리 모델

정보 요구사항을 데이터 관점에서 사람이 이해하기 쉬우면서, 가능한 한 테이블과 유사한 형태로 만든 모델

데이터 모델링 마인드

스토리 3에서 '애플리케이션의 화면과 RDB의 테이블은 다르다'며 예시한 주문서를 기억할 것이다(그림 3-1). 주문서는 사용자가 필요로 하는 형태(뷰)로 조직화된 하나의 집합체로 보이지만, 그 내부의 데이터 연관성을 고려하여 여러 테이블로 구조를 쪼개놓은 그림이다.

반면 [그림 6-3]은 주문과 관련된 고객, 상품과 같은 정보를 별도로 관리하지 않고, 주문서라는 하나의 테이블에 모든 속성을 모아 설계한 경우다.

그림 6-3 모든 속성을 한 테이블로 모은 주문서 엔터티

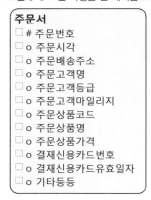

```
주문서
☐ # 주문번호
☐ o 주문시각
☐ o 주문배송주소
☐ o 주문고객명
☐ o 주문고객등급
☐ o 주문고객마일리지
☐ o 주문상품코드
☐ o 주문상품명
☐ o 주문상품가격
☐ o 결재신용카드번호
☐ o 결재신용카드유효일자
☐ o 기타등등
```

하나의 테이블에 모든 정보가 모여 있는 이 테이블에는 중대한 문제가 여럿 존재한다. 그중 대표적인 것 세 가지를 살펴보자.

첫째, 나중에 주문서에 포함된 상품의 이름이 바뀌면 해당 상품과 관련된 주문서를 모두 찾아서 상품명을 수정해야 한다.[5]

둘째, 주문을 단 한 번도 하지 않은 고객은 관리 자체가 불가능하다. 주문을 해야 주문서를 통해 주문 고객의 정보가 들어올 수 있는 구조기 때문이다.

셋째, 주문한 상품을 배송하려면 관련 애플리케이션은 〈주문배송주소〉 데이터를 참조해야 하는데, 주문서에 포함된 불필요한 다른 속성들 때문에 대량 주문 처리 시 시스템 성능에 악영향을 줄 수 있다.

배송 업무는 업무 처리의 효율을 위해 배송 주소가 인접한 주문서를 수시로 탐색하게 마련이다. 그런데 모든 정보가 집합된 테이블은 작게 분리된 것과 비교할 때, 배송 주소라는 하나의 속성만을 조회할지라도 데이터의 양이 많아서 성능에서 손해를 보게 된다. 이는 대다수의 DBMS에서 데이터의 읽고 쓰기는 메모리와 디스크를 분주히, 그것도 큰 볼륨으로 움직이는 처리 과정을 수반하며, 테이블의 행 단위로 저

---

5 주문 시점의 상품명이 유효하다는 업무 규칙이 있을 수도 있으나 현재 설명에서는 논외로 하자.

장된 블록을 읽고 쓰기 때문이다. 즉, 주문서 한 건에 포함된 열(속성)이 많아 주문서 한 행(개체)이 비대해지면 〈주문배송주소〉만 필요하더라도 같은 행의 나머지 속성도 쓸데없이 읽어야 한다.

먼 곳에 사는 친척에게 짐 하나를 전달하기 위해 지게에 열 가지 짐을 싣고 길을 달려 그중 한 가지만 건네주고 돌아오는 것과 다를 바 없다. 꼭 전달해야 할 짐만 싣고 가볍게 이동했더라면 힘도 덜 들이고 훨씬 빠르게 다녀올 수 있었을 것이다.

정보의 집합과 분할 측면에서의 사례를 하나 더 살펴보자.

[그림 6-4]의 모델은 신용카드 회사에서 사용하는 카드원장(계약) 테이블에서 주소지와 사용 가능 금액을 업무 트랜잭션 처리 방식 때문에 분리했다. 카드 회사라면 월별로 카드 사용 내역을 집계해서 청구하는 일이 전체 시스템 설계에 큰 영향을 줄 것이다. 또한 매순간 발생하는 카드 사용 트랜잭션도 시스템에 많은 영향을 미칠 것

이다. 그런데 이러한 두 업무 처리가 동시다발적으로 대량의 데이터에서 발생한다면, 게다가 〈카드원장〉 테이블이 [그림 6-4]와 달리 청구서 발행을 위한 〈카드주소지〉와 카드 사용을 위한 〈카드사용가능금액〉 테이블로 분리되지 않고 하나의 테이블로 존재한다면 어떤 문제가 생길까? 서로 다른 트랜잭션이 동일한 블록을 읽고 쓰려하기 때문에 경합과 락^{lock}이 발생하면서 업무는 지연될 것이다.

그림 6-4 카드원장 테이블

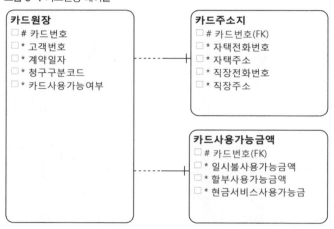

지금까지 설명한 내용이 바로 데이터 모델링을 정확하게 이해하는 기준과 사고방식이 되어야 한다. 데이터 모델링은 앞의 첫째와 둘째 문제점에서 언급한 데이터 이상 현상이 발생하지 않도록, 즉 정상적으로 관리할 수 있도록 데이터의 저장 구조를 모델로 도식화하는 과정이다.[6] 이때 데이터베이스가 최상의 성능을 내는 구조를 도출해야 한다. 모델링은 단순히 데이터의 저장 구조를 그려내는 것이 아니다.

업무의 유형, 데이터 사이의 종속성, 업무 처리 방식 등을 고려하여 테이블을 쪼개는 것이 다름 아닌 데이터 정규화다. 정규화를 통과한 데이터 모델은 앞선 데이터 이상 현상과 같은 문제점이 대부분 제거된다. 성능 역시 최적화에 근접한 모습이 된다.

----

6 정규화의 영어 단어는 normalization이다. 정규화라고 해도 나쁘지 않지만 '정상화'도 개념을 잘 전달하면서 크게 어색하지 않고 좋은 것 같다.

이제 데이터 모델링의 핵심 이론인 정규화에 대해 살펴볼 시간이 되었다.

정리

데이터 모델링은 2차원 표에 데이터를 어떻게 담는 것이 최적인지, 그 구조를 고민하는 과정이다. 또한 데이터 모델은 단순히 도식화된 모형이 아닌 데이터베이스가 최고의 성능을 낼 수 있는 구조여야 한다. 정규화는 이에 대한 궁극의 기반 이론이다.

Back to the Basic, 정규화 이론

그럼에도 불구하고 정규화 이론

이쯤이면 엔진 예열은 충분히 된 것 같으니, 이제 본격적인 드라이브에 나서보자.

앞서 설명한 것처럼 데이터 모델링은 2차원 표에 어떤what 데이터를 어떻게how 담는 것이 최적인지 고민하는 과정이다. **어떤** 데이터를 담아야 하는지 결정하는 것은 그리 어려운 작업이 아니다. 업무 요건으로부터 관리해야 할 데이터가 어느 정도 정형화되고, 프로세스나 기능 관점의 모델링 단계에서 다시 한 번 확인하여 누락된 데이터를 발견할 수 있다. 다만 물리적으로 존재하지 않아 쉽게 확인할 수 없는 논리적 데이터 집합은 식별하기 어려울 수 있다. 예를 들어 가족이라는 집합, 휴대폰 요금 수납의 부모 역할을 하는 청구라는 집합, 특정 기준대로 일정하게 구분하는 분류 체계 집합 등은 보거나 만질 수는 없지만, 개념적으로는 분명히 존재하는 집합이다.[1]

이제 데이터 집합을 **어떻게** 담는 것이 가장 적합한지 알아보기 위해 표에 담긴 데이터 사례를 하나 살펴보자.

---

1 이런 집합을 엔터티로 발견하지 못할 경우 발생할 수 있는 문제점에 대해서는 다음 스토리에서 자세히 살펴보기로 한다.

표 7-1 데이터 이상 현상이 존재하는 사례

학번	과목코드	성명	과목명	평가코드
101	CR03	박영진	공업수학	C
101	CR11	박영진	심리학개론	A
103	CR11	김영희	심리학개론	B
103	CR15	김영희	논리학개론	F

학생들의 수강 과목과 평가 결과를 담고 있는 [표 7-1]에는 구조적으로 '데이터 이상 현상'이 존재한다. 데이터 이상 현상data anomaly이란 표를 구성하는 속성의 값을 수정할 때나 표에 새로운 개체를 삽입하거나 삭제할 때 의도하지 않은 다른 데이터에 문제가 발생하는 현상이다. [표 7-1]에는 다음과 같은 문제가 존재한다.

- 평가코드 결과가 없는 홍길동이라는 학생에 대한 정보는 입력이 불가하다.[2]

- 과목코드가 CR11인 과목의 이름이 '심리학입문'으로 변경되면 박영진과 김영희의 CR11 관련 열을 모두 찾아서 수정해야 한다.

- 김영희의 F학점 평가 결과를 삭제하면 논리학개론 과목도 함께 삭제된다.

데이터를 어떻게 담아야 할까 고민할 때 중요한 점은 이러한 이상 현상이 발생하지 않도록 해야 한다는 것이다. 그런데 자세히 들여다보면 데이터 이상 현상의 원인은 데이터가 독립적이지 않고 중복으로 관리되어 데이터 간의 종속성에 계속 영향을 받기 때문이다. 현실의 데이터는 대부분 종속 관계를 맺고 있다. 속성들의 종속성을 분석해서 하나의 종속성이 하나의 표(관계형 이론에서의 릴레이션relation)로 관리되도록 분해해가는 과정이 정규화normalization다. 즉, 종속성을 기준으로 데이터를 어떻게 담는 것이 최적인가에 대한 방법론이 바로 정규화 이론이다. 정규화 이론대로 만들어진 모델은 하나의 종속성이 하나의 표로 분리되어 그 성격이 명확하다. 또한 중복을 없애 데이터 이상 현상이 최소화되고, 결국 데이터 무결성이 극대화된 구조가 된다. 그럼 모델링의 핵심 이론인 정규화와 데이터 간의 종속성에 대해 구체적으로 살펴보자.

----

2 특정 속성값이 null인 데이터는 존재할 수 없다고 가정한다.

함수 종속functional dependency은 하나의 집합relation 안에 존재하는 속성 사이의 연관 관계다. 집합 내 속성 A가 속성 B의 값을 유일하게 식별하는 결정자determinant라면 속성 B는 속성 A에 함수적으로 종속된다. 앞선 사례에서는 성명은 학번에, 과목명은 과목코드에 종속되는 등 여러 종속 구조가 하나의 집합에 공존한다.

- 종속성 1: 학번 → 성명

- 종속성 2: 과목코드 → 과목명

- 종속성 3: 학번+과목코드 → 평가코드

이러한 개별 종속성은 모두 별도로 분리하여, 즉 정규화하여 관리해야 데이터를 안정적인 구조로 관리할 수 있다.

그림 7-1 1정규화 – 반복 속성. 다수의 값을 갖는 속성은 별도 엔터티로 분리한다.

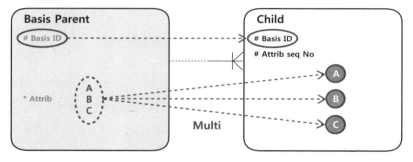

1정규형에서는 모든 속성이 값을 반드시 하나만 가져야 한다. 어떤 속성이 값을 여러 개 가지고 있거나[3] 물리적으로는 하나만 갖지만 유사한 형태의 반복 속성이 존재(예를 들면 자격증1, 자격증2, …)해서 논리적으로는 다수의 값을 갖는 것과 마찬가지라면 Basis Parent에서 별도의 엔터티로 분리해야 한다. 예를 들어 [그림 7-2]의 왼쪽 사원 엔터티는 오른쪽과 같이 두 개의 엔터티로 분리해야 한다.

---

3 이런 속성을 다중 값(multi value) 속성이라고 한다.

그림 7-2 사원 엔터티에 1정규화 적용

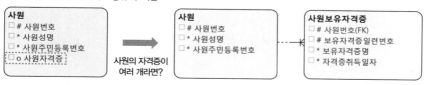

물론 사원이 보유한 자격증 정보를 사원에 종속된 정보가 아니라 독립된 개체 정보로 유일하게 관리하고자 한다면 [그림 7-3]처럼 변경되어야 한다. 이는 앞선 설문지 모델링에서 살펴봤던 설문 질문, 보기의 관리 방식과 동일한 맥락에 있다.

그림 7-3 자격증 정보를 독립 개체로 관리할 경우

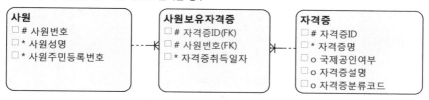

참고로 이 모델에서 특정 자격증에 대한 수당 지원 여부를 관리하고자 한다면 〈자격증수당지원여부〉 속성은 어디에 위치해야 할까? 수당 지원 여부는 개별 자격증에 종속된 개념이므로 〈자격증〉 엔터티에 두어야 한다. 반면 〈자격증취득일자〉와 같은 속성은 자격증 보유자인 사원 정보까지 결합되어야 결정할 수 있으므로 〈사원보유자격증〉의 속성이다.

그림 7-4 2정규화 – 주 식별자 일부에만 종속된 속성은 별도의 엔터티로 분리한다.

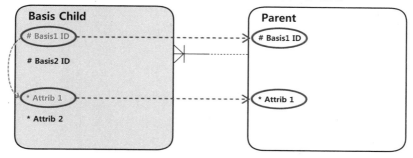

2정규형에서는 모든 속성이 반드시 주 식별자 전부에 종속되어야 한다. 주 식별자 일부에만 종속될 경우에는 해당 종속성을 별도 엔터티로 분리해야 한다. 한 가지 주목할 점은 1정규화로 생성된 집합은 자식child이 되지만, 2정규화로 분리된 집합은 부모parent가 된다는 것이다.

[그림 7-5]의 왼쪽 〈계약〉 엔터티에서 계약 주체는 〈단체명〉 혹은 〈단체대표명〉으로 표현된다고 하자. 이때 이들 값이 변경되면 해당 단체의 모든 계약을 찾아서 바뀐 정보로 변경해주어야 할 것이다. 이는 〈단체번호〉에 종속된 〈단체명〉과 〈단체대표자명〉 속성이 〈계약〉 집합에 포함되어 있기 때문이며, 정규화하여 오른쪽과 같이 별도의 〈단체〉 엔터티로 분리해야 한다. 이때 앞선 〈사원보유자격증〉 엔터티가 〈사원〉의 하위(자식) 엔터티로 분리된 것과는 달리, 〈단체〉 엔터티가 계약의 상위(부모) 엔터티가 된다.

그림 7-5 주 식별자 중 〈단체번호〉에만 종속된 속성을 별도 엔터티로 분리

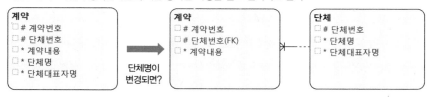

덧붙여 〈계약〉 엔터티의 주 식별자가 〈계약번호〉와 〈단체번호〉의 조합으로 정의되어 있음에 주목하자. 둘이 결합되어야 결정자로서 다른 일반 속성을 종속시킬 수 있다는 의미다. 즉, 계약 번호는 같지만, 계약 주체인 단체가 다를 경우에는 계약 내용 등이 다를 수 있음을 주 식별자가 설명하고 있다. 이렇듯 주 식별자는 집합 내 속성의 결정자로서 집합의 성격을 규정하는 등 다양한 역할을 수행한다. 주 식별자에 대해서는 뒤에서 별도의 스토리로 상세히 다룰 것이다.

그림 7-6 3정규화 – 주 식별자 외의 모든 속성은 상호 독립적이어야 한다.

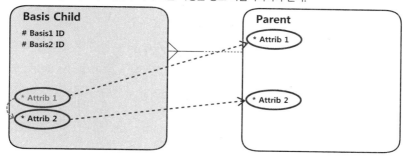

3정규형에서는 주 식별자가 아닌 모든 속성이 상호 종속 관계여서는 안 된다. [그림 7-6]에서 일반 속성인 Attrib 1과 Attrib 2 사이에 종속성이 존재한다면 이들은 별도 엔터티로 분리되어야 한다.

[그림 7-7]의 왼쪽 〈주문〉 엔터티의 일반 속성 중 〈고객명〉과 〈고객등급〉 속성은 〈고객번호〉에 함수적으로 종속되어 있다. 따라서 오른쪽과 같이 고객 집합을 별도로 분리하여 〈고객〉 엔터티로 만드는 과정이 필요하다.

그림 7-7 속성 간 종속성이 있으면 별도 엔터티로 분리한다.

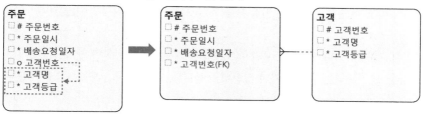

정규화 이론은 학교에서나 배우고 잊히는 것이 아닌 실제 현장 모델링에서 가장 근원적이고 기반이 되는 핵심 사상이다. 참고로 3정규화까지 수행되었다 할지라도 다중 값 속성 등에 의한 데이터 이상 현상은 여전히 발생할 수 있어 4 또는 5정규화까지 수행할 수도 있으나, 통상 4정규형 이상의 모델은 폭넓게 사용되지 않는다.[4]

---

4 정규화 이론과 구체적인 사례는 인터넷에 자료가 많으니 이 책의 설명이 부족하다면 인터넷 자료를 참조하기 바란다.

정규화의 의의

현장에서 작성되는 수많은 데이터 모델을 검토하는 업무를 하는 필자 역시 정규화 이론을 가장 중요한 도구로 삼아 모델을 검증한다. 정규화 과정을 통해 정제된 **정규형 모델**은 다음과 같은 중요한 특징을 가진다. 이를 보면 데이터 모델링의 핵심 이론이 왜 정규화 이론이어야 하는지 자연스럽게 이해될 것이다.

첫째, 속성 간의 종속성을 기준으로 성격이 유사한 속성들은 모이고 관계없는 속성들은 분리된다. 즉, 속성들이 자연스럽게 자기 자리를 찾게 되면서 데이터 집합의 범주화가 이루어진다.

둘째, 하나의 주제로 집약된 데이터 구조, 제대로 된 엔터티가 도출된다. 정규화는 함수 종속을 없애고 밀접한 속성을 하나의 표에 집약시키는 체계적인 방법이다. 따라서 데이터는 응집도는 높고 결합도는 낮게 분리된다. 결국 데이터 본질에 충실한 제대로 된 엔터티가 도출될 수밖에 없다.

셋째, 데이터 중복이 최소화된 효율적이고 구조화된 모델이 나온다. 중복에 따른 데이터 이상 현상이 사라지며, 저장 용량 측면에서도 당연히 이익을 보게 된다.

넷째, 데이터 간의 종속성을 분석하기 때문에 엔터티명과 더불어 엔터티의 정체성을 가장 잘 표현하는 주 식별자가 정확히 도출된다. 주 식별자는 인스턴스를 구분하는 기준이므로, 집합의 개체 발생 규칙도 검증되어 더 정확해진다.

다섯째, 엔터티가 명확하고 정확해졌기 때문에 업무 변경에 따른 확장성이 좋아진다. 속성만 100개가 넘어 그 속을 알기가 어려운 애매한 엔터티를 변경하려 할 때의 막막함을 경험한 사람이라면 쉽게 공감하리라 생각된다.

여섯째, 결국 데이터를 최적의 상태로 담게 된다. 데이터 중복을 최소화함으로써 데이터 무결성을 극대화한다.

일곱째, 정규화된 모델은 그렇지 않은 모델에 비해 대부분 성능이 좋다.

　마지막 특징과 관련하여, 아직도 정규화를 하면 테이블이 늘어나 조인^{join}이 증가하는 등 '정규화 = 성능 저하'라고 믿는 분들을 위해 정규화와 성능에 대해 살펴보기로 하자.

정규화와 관련된 성능 논쟁은 이제 그만

　[그림 7-8]의 왼쪽은 주 식별자를 구성하는 〈지점코드〉와 〈등록자ID〉 중 〈지점코드〉에 부분 종속된 속성이 존재하여 2정규화가 필요한 테이블이고, 오른쪽은 이를 2정규화하여 두 개의 테이블로 분리한 모습이다. '2002년 이후에 등록한 모든 지점을 조회하라'는 SQL을 처리하면 정규화된 쪽이 훨씬 빠르다. 왼쪽 모델에서는 불필요하게 중복된 〈등록자ID〉 만큼의 데이터를 더 읽어야 하지만, 오른쪽은 〈지점〉 테이블에서 조건에 맞는 데이터만 읽어 빠르게 처리할 수 있다.

그림 7-8 정규화 전(왼쪽)과 후(오른쪽). 어느 쪽이 빠른가?

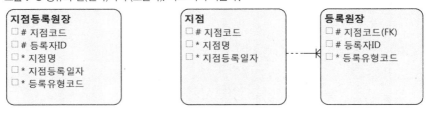

반대로 〈등록유형코드〉가 '01'인 등록원장 정보를 〈지점명〉과 함께 조회하는 경우를 생각해보자. 왼쪽은 하나의 테이블에서 조회할 수 있지만, 오른쪽은 테이블 두 개를 조인해야 한다. 하지만 〈지점〉과 〈등록원장〉의 연결 고리인 〈지점코드〉 인덱스만 정확히 정의되어 있다면 성능상의 차이는 미미할 것이다.

이렇게 단편적인 예만 보더라도 정규화로 테이블 수와 조인의 양이 늘어난다고 해서 성능이 무조건 저하되는 것은 아님을 알 수 있다.

대부분의 DBMS는 데이터를 블록 단위로 읽고 쓴다.[5] 하나의 블록에는 다수의 행(개체)이 포함될 수 있다. 예를 들어 [그림 7-9]의 〈고객〉 테이블의 한 행이 2K고 한 블록의 크기가 8K라면 한 블록에는 4개의 개체가 담길 수 있다.[6] 홍길동 한 사람의 〈고객분류코드〉만 조회하려 해도 DBMS는 한 블록, 즉 8K를 메모리로 올린다. IO의 최소 단위가 블록이기 때문이다. SQL을 최적화할 때 조회할 레코드의 수가 아닌 블록의 수에 집착하는 이유도 바로 이 때문이다.

각설하고, [그림 7-9]의 〈고객〉 테이블을 정규화해서 연락처 정보를 분리했더니 고객 한 명의 레코드가 1K로 줄었다고 가정하자. 그렇다면 블록 하나가 이전보다 두 배나 많은 개체를 포함할 수 있게 된다. 이는 정규화가 IO의 대상이 되는 블록 수를 줄여줄 수 있음을 의미한다. where 절을 만족하는 집합을 디스크에서 메모리로 퍼오기 위해 기존에 20개의 블록을 읽어야 했다면, 이제는 그 절반인 10개만 읽으면 된다

---

5 DBMS에 따라 '페이지'라고도 한다.

6 이해를 돕기 위해 단순화하였다. 실제로는 더 복잡하다.

는 것이다. 한 블록에 더 많은 개체가 존재하면 메모리에 한 번 올라간 블록이 다시 사용될 확률도 그만큼 높아진다. 즉, 적중률$^{hit ratio}$이 좋아진다.

그림 7-9 정규화로 개체 크기가 작아져서 성능 향상을 기대할 수 있는 경우

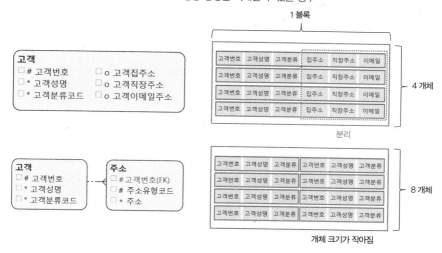

이처럼 모든 속성(컬럼)이 한 테이블에 담겨 있다면 조회하려는 속성의 많고 적음에 상관없이 항상 전체 블록을 읽어야 하지만, 정규화가 잘 되어 있다면 훨씬 적은 블록을 읽고도 원하는 결과를 얻을 수 있다.

정규화하면 테이블이 분리되어 조인이 늘어나 성능이 저하된다는 말은 상황에 따라 사실일 수도 있고 아닐 수도 있다. OLTP에서 조인에 의한 성능 저하가 극심한 경우라면 조인의 방법이 잘못 되었을 가능성이 크다. 인덱스가 없거나 조인 연결 고리 이상^{7}으로 옵티마이저가 인덱스를 사용하지 못하는 등의 문제지, 조인 자체가 문제의 본질인 경우는 드물다. 분리된 테이블들이 일부 트랜잭션에서 성능을 떨어뜨리기도 하고 조인 자체에서도 아주 미미한 부하가 있을 수 있다. 그렇지만 큰 맥락에서 보면 정규화는 대부분의 경우 더 뛰어난 성능을 제공한다.

....

7 조인 연결 고리에 해당하는 두 테이블의 컬럼 중 한 곳이 인덱스가 없거나, 인덱스가 있음에도 컬럼 변형 등으로 인해 인덱스를 사용할 수 없는 상황을 말한다.

실무에서의 모델링 절차

정규화를 차례대로 설명해서 오해할 독자가 있을까 싶어, 실무에서의 모델링 절차에 관해 얘기해보기로 하자. 실제 현장에서 모델러는 1정규화 완료 후 2, 3정규화로 순차적으로 진행하지 않는다. 이미 정규화 이론을 정확히 이해하고 내재화한 모델러는 순서에 크게 구애받지 않는다. 즉, 모델러의 종합적인 판단에 따라 잘 구조화된 정규형 모델로 한달음에 도달하는 것이 일반적이다. 이때 판단의 구심점이 되는 이론이 바로 정규화다.

정규화 이론을 내재화했다는 것은 시험공부 하듯 암기한 수준이 아니다. 현업에서 관리해야 하는 데이터의 현상과 발생 규칙을 이해하고 그것을 정규화 이론을 기준으로 해석하는 능력이 있음을 의미한다. 정규화를 안다는 것은 데이터의 종속성을 정확히 이해하고 그 관점으로 모델링을 전개한다는 뜻이다.

엔터티 정의가 가장 중요하다.
고백건대 엔터티 모델링은
어렵고 힘들다

이제 본격적으로 엔터티에 대해 알아보자. 엔터티는 수학의 집합^{set} 이론에 근거한다. 대부분의 학문은 다른 학문들과 복잡하게 연결되어 있으며 다른 학문이 가능할 수 있는 토대가 되어주기도 한다. 응용 학문의 뿌리를 좇아가보면 최종적으로 수학, 철학, 물리학이라는 세 학문에 닿게 된다. 이런 맥락에서 소프트웨어 공학의 모델[1]은 수학이라는 아버지와 철학이라는 어머니 사이에서 태어난 자식이라고 이해해도 무방하다. 그 이유를 살펴보면서 데이터 모델과 엔터티에 대한 탐구를 시작해보자.

---

1 여기서의 모델은 단순히 데이터 모델만이 아닌 애플리케이션이나 비즈니스 영역의 모델을 포함하는 의미로 사용했다.

엔터티는 집합과 닮았다

수학의 집합과 데이터 모델의 엔터티는 무척 닮았다. 수학의 차집합이나 합집합에
해당하는 집합을 만들어주는 MINUS와 UNION과 같은 연산자가 ANSI 표준 SQL
문법에 있는 것만 보아도 알 수 있다. 국어사전에는 집합을 '특정 조건에 맞는 원소들
의 모임. 임의의 한 원소가 그 모임에 속하는지 알 수 있고, 그 모임에 속하는 임의의
두 원소가 다른가, 같은가를 구별할 수 있는 명확한 표준이 있는 것'이라고 정의하고
있다.

그림 8-1 SQL의 집합 연산자

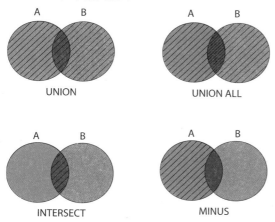

집합론의 창시자인 독일의 수학자 칸토어^{Georg Cantor}는 집합을 '우리의 직관 또는 사고의 대상 중에서 확정되어 있고 서로 명확히 구별되는 것들의 모임'이라고 정의했다. 이상의 정의들은 중요한 두 가지 사실을 명확히 드러낸다.

첫째, 집합은 구체적이고 객관적인 기준에 의해 그 원소를 명확히 구분할 수 있어야 한다. 즉, 집합을 구성하는 개체들은 집합 내에서 유일하게 식별될 수 있어야 한다.

둘째, 논리적인 개념도 집합의 구성 요소가 될 수 있다. 눈으로 보거나 손으로 만질 수 없더라도 첫 번째 조건을 충족하는 개념이라면, 이 역시 집합이 될 수 있다.

그러면 이러한 수학적 '집합'의 개념을 바탕으로 엔터티를 다음과 같이 정의해볼 수 있다.

> 엔터티는 업무의 기준이 되는 유·무형의 사물과 정보, 이를 기초로 발생하는 사건, 거래 혹은 행위 객체들을 성격이 유사한 것끼리 모아놓은 집합이다.

더불어 집합의 원소에 해당하는 개체는 '어떤 집합에 포함되며 서로 간에 특정 식별자로 구분되는 개별 요소 혹은 단위 객체'라고 할 수 있다. 중요한 점은 개체의 정의에 따라 집합의 개념이 달라질 수 있다는 것이다. 그러므로 어떤 단위를 개체로 볼 것인가에 대한 판단은 집합의 특성을 결정짓는 매우 중대한 요소다. 엔터티 정의는 특정 집합에 담을 것과 담지 않을 것을 규정하는 일이며, 이를 위해서는 해당 집합을 구성하는 하나하나의 개체의 성격을 정확히 정의하는 것이 무엇보다 중요하다. 이번 스토리에서는 이에 대해 몇 가지 사례를 통해 구체적으로 살펴보게 될 것이다.

엔터티 정의, 철학이 필요한 시간

본격적으로 엔터티 모델링에 들어가기에 앞서 모델링 서적에서 자주 언급되는 다음 몇 가지 화두에 대해 곰곰이 생각해보자.

- 데이터는 업무 프로세스와 무관해야 한다. 즉, 프로세스에 종속적이지 않아야 한다.
- 업무 활동과 절차가 변한다고 데이터 모델이 쉽게 바뀌어서는 안 된다.
- 데이터 모델은 업무를 명확히 표현해야 한다.

숙고해서 두어 번 읽어보면 뭔가 묘하게 모순됨을 느낄 수 있을 것이다. 데이터 모델이 업무를 표현해야 한다면서, 동시에 업무와의 종속성은 최소화되어야 한다는 주장이다. 이는 사실 모순은 아니다. 업무를 바라보는 관점은 데이터, 프로세스, 기능 등 여러 가지가 있을 수 있는데, '데이터 모델은 업무를 명확히 표현해야 한다'에서의 업무는 이 중 데이터 관점에 주목한 것이다. 즉, 이 문장을 더 명확히 정리하면 '데이터 모델은 업무를 데이터 관점으로 명확히 표현(추상화)해야 한다'가 된다.

예를 들어 상품 주문 서비스를 관리하는 정보시스템을 위해 〈전화주문〉이라는 엔터티를 만들었다면, 이는 프로세스를 반영한 모델이다. 상품 주문의 대상 데이터인 '무엇'이 아니라 프로세스인 '어떻게'에 지배받는 것이다. 이런 경우 주문 경로가 인터넷이나 전화 등으로 확대되면 데이터 모델도 함께 변경되어야 할 것이다.[2]

---

2 〈인터넷주문〉 엔터티 등을 새로 생성해야 할 수 있다.

앞서 스토리 5의 학사관리 이해관계자 모델링에서 '본질적 개체와 현상(역할)을 구분해야 한다'고 했다. 그 연장선에서 프로세스가 아닌 데이터 자체에 집중했음에도 불구하고 의문이 남는 사례를 살펴보자. 결론부터 말하면 데이터 중심 사고를 했더라도 관점이 잘못 되면 업무에 상당히 종속적으로 흘러갈 수밖에 없다. 다시 말해 업무 변화에 흔들리지 않는 모델이 되려면 업무의 외면이나 당장의 현상이 아닌 그 현상을 일으키는 근본으로서의 원형을 꿰뚫어보아야 한다.

그림 8-2 잘못된 관점이 반영된 정보자산관리 모델

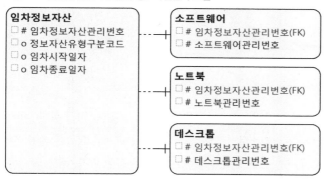

[그림 8-2]는 다양한 형태의 자산을 운용하는 한 IT업체의 임차 자산 관리용 데이터 모델이다. 서버, 네트워크 장비, 보안 장비, 백업 장치는 모두 구매해서 운영 중이며 소프트웨어, 노트북, 데스크톱 일부는 임차해서 쓰고 있다. 이와 같은 상황을 가정하고 그림의 모델에서 구조적인 문제를 찾아보자.

이 모델에는 임차 자산 하위에 자산 유형에 따른 〈소프트웨어〉, 〈노트북〉 등의 개체가 존재한다. 직접 구매하는 자산 역시 이러한 구조로 되어 있을 것이다. 이는 '구매냐 임차냐'의 관점이 자산 개체를 지배하고 있는 것이다. 이러한 상황에서 정수기나 안마의자처럼 '일정 기간 임차 후 소유'와 같은 새로운 구매 방식이 들어온다면 어떻게 대응하겠는가? 업무 활동에 따라 구조가 달라지면 너무 복잡하고 어려워진다. 자고로 좋은 구조는 눈에 보이는 그대로가 아닌 본질을 담고 있는 구조여야 한다.

　아리스토텔레스는 '현상은 복잡하지만 본질은 단순하다'고 했다. 서구 절대주의 철학의 거대한 축을 형성하는 아리스토텔레스와 그의 스승 플라톤은 복잡한 세상 이면의 불변하는 본질로서의 근원 요소를 파악하려 했다. 예를 들어 의자, 책상, 책 등은 서로 다른 개체지만, 그 본질은 모두 나무다. 철학자의 언어로 의자와 책상처럼 직접 보이는 세계를 **현상**이라 하며, 나무 같은 개별 존재의 공통 속성은 **본질**이라 한다. 전화 주문과 인터넷 주문을 현상이라고 본다면 주문 자체는 좀 더 원형적인 본질로 이해할 수 있다.

　이처럼 수많은 현상과 사건은 하나하나가 매우 독특하고 개별적이며 끊임없이 변화하기 때문에 안개처럼 겹쳐 본질을 흐리기 쉽다. 현상에 속지 않고 본질을 들여다보면서 대상을 명확히 하려는 태도와 마음가짐은 모델링에서 무엇보다 중요하다. 우리가 현상의 포로가 되는 이유는 현상은 익숙하며 쉽게 눈으로 인식되기 때문이다. 아리스토텔레스의 말처럼 과감하게 현상을 버리고 본질을 관통하려면 본질을 기반으로 세상을 이해하는 통찰적 시각을 가져야 한다. 데이터 모델러에겐 평범한 인간의 경험이나 인식의 범위를 초월하여 비즈니스 세계의 본질과 현상을 철저히 분리할 수 있는 높은 수준의 통찰력이 요구된다.

현상은 복잡하나 본질은 단순하다.
현상 너머의 본질을 찾아내라.

우리는 앞서 '엔터티는 업무의 기준이 되는 유·무형의 사물과 정보, 이를 기초로 발생하는 사건, 거래 혹은 행위 객체들을 성격이 유사한 것끼리 모아놓은 집합'으로 정의한 바 있다. 유·무형의 사물과 정보에 대한 '존재' 그 자체를 파악하고, 이를 근간으로 만들어지는 개별 '사건'(비즈니스 트랜잭션)을 분리해서 이해하는 데 도움이 되는 인식론에 대해 잠시 알아보자.

서양 철학의 사유 방식은 근본적으로 상반된 두 관점으로 극명하게 나뉘어 있었다. 하나는 플라톤과 아리스토텔레스를 따르는 인식 방식인 **실체 중심적** 철학이다. 아리스토텔레스의 사유 체계인 범주론을 보면 실체, 분량, 성질, 관계, 장소, 시간, 위치, 상태 등으로 구성된 범주표가 나온다. 이처럼 다양한 사유 유형 중에서 본질을 뜻하는 실체가 첫 번째로 등장한다. 실체로서의 존재는 다른 것과 관련하지 않고 오직 자신과만 관련이 있다. 이러한 의미에서 존재는 독립적이다.

이와 다른 사유 방식이 관계(사건, 현상)에 대한 사유다. **관계 중심적** 사유는 전형적인 반플라톤적 사상가인 질 들뢰즈^{Gilles Deleuze}에 의해 선명하게 드러난다. 플라톤과 비교하여 들뢰즈의 관계 철학이 가지는 의의를 다음 예를 통해 이해해보도록 하자.

들뢰즈에 의하면 [그림 8-3]과 같이 현실 세계의 모든 사건, 행위, 현상은 **영토성**과 **코드성**으로 이루어진다. 사물들이 일정한 방식으로 자리에 알맞게 나누어지고, 언어적/의미론적 코드에 따라 기능할 때 영토성이 성립한다. 야구공, 배트, 글러브, 야구선수, 심판, 관중 등이 일정하게 자리를 차지하고(영토성), 동시에 야구 규칙과 스포츠 관람이라는 일정한 코드가 작동함으로써(코드성) 야구 경기가 성립된다(배치성)는 의미다.

그림 8-3 들뢰즈의 야구장: 사건을 바라보는 철학적 관점(영토, 코드, 배치)

좀 더 구체적으로 말해, 야구선수 이승엽이 어느 날 만루 홈런을 친 것은 야구장, 각종 야구용품, 선수와 같은 영토성과 이미 존재하는 야구 규칙이 서로 만난 사건으로 인식된다는 것이다. 이때 사건과는 무관한 순수하고 본질적인 영역인 영토성 존재가 모델링의 주요 관심 대상이 된다. 데이터 모델 계층구조에서 최상위 엔터티는 들뢰즈의 영토와 같이 (행위나 사건과 같은 인식의 영역이 아닌) 본질의 영역이어야 한다. 그리고 이것이 소위 '마스터 데이터'라는 개념이다.³

---

3 모델의 계층구조와 마스터 데이터에 대해서는 뒤에서 다시 다룬다.

명확하게 정의된 집합으로 모델링을 시작하자

한 IT 교육 센터에서 [그림 8-4]와 같은 다양한 교육 과정을 관리하기 위한 모델링을
시작했다고 가정해보자.

그림 8-4 IT 교육 센터의 다양한 교육 프로그램

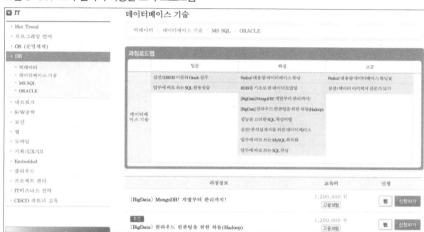

가장 먼저 흰 종이에 박스를 하나 그리고 그 위에 '교육 과정'이라는 이름을 붙인
엔터티를 하나 만들었다.

엔터티를 의미하는 박스를 그리고 엔터티명을 입력하는 것은 박스 안의 세계와 바깥 세계를 완전히 단절시키는 행위다. 즉, 교육 과정이라는 집합에 들어갈 개체와 들어가서는 안 되는 개체를 온전히 분리하겠다는 의미다. 앞서 언급한 것처럼 관계형 데이터 모델의 핵심은 나는 나와 관련된 속성만을 집약해서 가지고, 남의 정보가 필요할 경우는 관계를 통해 연결해서 사용하는 것이다.

그림 8-5 엔터티 정의 = 세계의 분리

모델링 자료에서 자주 언급되는 사례인 교육 과정 이야기로 돌아와 이 엔터티에 대해 그 정체성과 정의를 깊이 생각해보자. 교육 과정은 교육 과정 안내 페이지의 어느 영역에 해당하는가? 과정 로드맵의 'RDB를 기초로 한 데이터 모델링'이라는 개체 수준인가, 아니면 해당 과정을 클릭했을 때 조회되는 상세 페이지(그림 8-6)의 주제 수준인가?

그림 8-6 교육 과정 상세 페이지

RDB를 기초로 한 데이터모델링			
		🖶 페이지 인쇄	📄 목록보기
· 학습기간	2015.10.05 ~ 2015.10.0(↕ (28 시간 ㅣ 4 일)	· 학습환경	💻 강의장 📖 교재
· 교육비	850,000 원	· 교육비지원	고용보험환급 예상환급액 ·
· 정원	24 명	· 평점	★★★★★ (리뷰: 246 건)

다시 말해 이 질문은 '교육 과정'이라는 것이 순수 '교육 과목'을 의미하는지, 아니면 '특정 기간에 개설되는 강좌'를 의미하는지 확인하는 것이다. 그리고 그 결과에 따라 집합의 개념은 완전히 달라진다. 교육 과정이 순수한 교육 과목으로서의 의미라면

'RDB를 기초로 한 데이터 모델링'이라는 개체는 교육 과정 집합에 단 하나 존재하게 되지만, '특정 기간에 개설되는 강좌'라면 개설된 수만큼의 개체가 존재하게 된다.

그런데 순수 교육 과목이라는 개념도 생각보다 간단하지 않다. 예를 들어 이 교육 센터에는 다음과 같은 업무 규칙이 있다고 하자.

- 주중에 공휴일이 있는 주에는 5일 과정이 4일 과정으로 개설되기도 한다.
- 동일한 과목이지만 과정 이름과 강의 일수만 다른 과정이 존재할 수 있다. 예를 들어 'RDB를 기초로 한 데이터 모델링' 과목이 5일짜리 동명의 과정으로 개설될 수도 있고, '업무에 바로 쓰는 RDB 데이터 모델링 Essential'이라는 3일 과정으로 개설될 수도 있다.

이 업무 규칙의 핵심은 과목의 변형된 형태와 그것의 **원형**이 존재한다는 것이다. 이를 반영한 데이터 모델은 [그림 8-7]과 같다.

그림 8-7 과목의 원형과 변형된 형태를 관리하는 구조

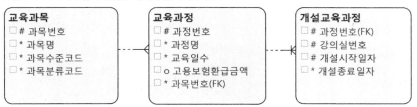

〈교육과목〉 엔터티는 순수 과목 집합이라고 보면 된다. 즉, 교육 센터 홈페이지의 교육 과정 안내와 같은 뷰에서는 보이지 않지만, 교육 과목의 원형을 관리하는 집합이다. 'RDB를 기초로 한 데이터 모델링'이라는 책이 있고, 이 책의 내용을 강사 A는 3일, 강사 B는 5일 동안 강의한다고 할 때, 바로 책 수준의 관리 집합이라고 보면 이해하기 쉬울 것이다. 이러한 맥락에서 〈교육과목〉 엔터티의 속성에는 교육 일수는 포함되지 않으며 〈교육과목〉의 본질에 해당하는 메타정보인 〈과목수준코드〉(초급, 중급, 고급 등)와 〈과목분류코드〉(IT, DB 등의 기술 분류 체계) 등이 포함된다.

〈교육과정〉 엔터티는 'RDB를 기초로 한 데이터 모델링'이라는 과목이 과목명 그대로 개설된 경우와 '업무에 바로 쓰는 RDB 데이터 모델링 Essential'이라는 과정

으로 변형된 경우를 개별 개체로 분리하여 관리하는 집합이다. 따라서 〈교육일수〉 같은 속성은 이 수준에서 관리되는 것이 적당할 것이다.

끝으로 〈개설교육과정〉 엔터티는 'RDB를 기초로 한 데이터 모델링' 과정이 12월에 1일과 15일 2차례 개설된다고 할 때의 2개의 개별 개설 과정 개체를 관리하는 집합이다.

이처럼 애매한 것들을 명확히 하여 객관적으로 관리할 수 있도록 하는 것이 엔터티 정의의 시작이다. 엔터티를 명확히 **정의**한다는 의미는 집합의 **성격**에 부합하는 엔터티명을 지어준다는 뜻도 있지만, 그 집합의 개체들이 어떤 **기준**으로 발생되고 관리되는지 명시적으로 규정하는 것, 속성들이 어떤 수준이나 존재(엔터티)에 고유한 특성인지 파악하는 것이라고 할 수 있다.

더불어 다음의 예와 같이 개체의 발생 규칙과 주 식별자가 일치하는지 검증하는 것도 엔터티 정의에서 중요한 과정이다.

[그림 8-8]의 〈프로젝트할당〉 엔터티의 주 식별자는 부모인 〈사원〉과 〈프로젝트〉 엔터티로부터 내려받은 〈사원번호〉와 〈프로젝트ID〉로 구성되어 있다. 통상 사원 한 명이 여러 프로젝트를 수행할 수 있고 한 프로젝트에 여러 사원이 참여할 수 있다. 즉, 〈프로젝트할당〉 엔터티는 이러한 M:N의 관계를 해소한 관계 엔터티인 셈이다.

그림 8-8 사원-프로젝트 할당 모델 예

그런데 프로젝트에는 단위테스트와 통합테스트 같은 특정 단계에 잠깐 할당되는 테스트 전문 인력도 있을 수 있다. 그에 반해 이 모델에서는 한 사원은 하나의 프로젝트에 단 한 번만 관계할 수 있다. 개체의 발생 규칙에 해당하는 주 식별자가 〈프로젝트ID〉 + 〈사원번호〉로 구성되어 있기 때문이다. 따라서 홍길동이 A라는 프로젝트에 여러 번 할당될 수 있으려면 주 식별자에는 할당(발령)일자와 같은 **시간**이 추가로 개입되어야 한다. 유심히 살펴본 독자라면 앞선 스토리 2의 고객의 상품 주문과 유사한 패턴임을 눈치 챘을 것이다.

엔터티의 성격뿐 아니라 개체의 증가 기준도 명확히 정의해야 하는데, 주 식별자가 바로 이러한 개체 발생 규칙을 설명한다.[4] 즉, '주 식별자 정의 = 엔터티 정의'라고 할 수 있으며 '주 식별자는 엔터티와 한 몸이다'라고 할 수 있다. 주 식별자는 엔터티에 존재하는 개체의 유일성을 보장하며 엔터티에서 관리할 개체가 어떤 기준에 의해서 생성되는지 결정하는 결정자다. 물론 식별자의 중요한 역할 하나가 정규화를 수행하는 기준인 일반 속성의 결정자가 된다는 것은 이미 학습한 바 있다.

마지막으로 주소와 관련된 사례를 하나 더 살펴보자. [그림 8-9]의 〈주소〉 엔터티를 어떻게 정의했느냐에 따라 〈고객〉과 〈주소〉의 관계가 달라졌다. 〈주소〉는 고객이 이사할 때마다 하나의 개체가 발생하는 고객에 종속dependent된 정보로서의 주소를 관리하는 집합이다. 반면에 〈ADDRESS〉는 전국에서 유일한 개체로서의 주소를 관리하는 자립independent 엔터티다. 〈주소〉에서는 김상래가 살았던 '서울시 강남구 서초동 11'과 임용훈이 살았던 주소를 완전히 다른 개체로 관리하지만, 〈ADDRESS〉에서는 하나의 개체로 관리됨을 알 수 있다.

그림 8-9 주소를 회원에 종속된 정보로 관리하는 경우와 별개로 관리하는 경우

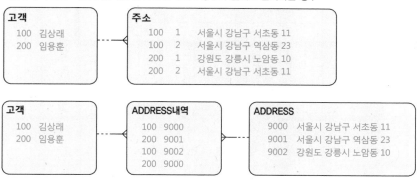

---

4 인조 식별자로 처리되는 경우는 논외로 한다.

엔터티를 어떻게 정의하느냐에 따라 개체가 어떻게 증가하는지 결정되며, 그 정체성에 따라 주변의 관계도 달라짐을 확인할 수 있다. 보다시피 개체 단위를 어떻게 정의하느냐에 따라 엔터티가 결정된다.

엔터티 모델링이 어려운 이유

데이터 모델링은 결코 쉽지 않다. 엔터티 모델링은 더욱 그렇다. 엔터티에 대한 설명을 본격적으로 시작하자마자 어렵다는 말부터 꺼내면 사기가 저하되지 않을까 걱정도 되지만, 데이터 모델링을 오랫동안 수행해온 사람이라면 모두 고개를 끄덕일 것이다.

데이터 모델링의 70% 이상이라고 해도 과언이 아닌 엔터티 모델링이 왜 어려운지 이번 절에서 정확히 이해해보자.[5]

범주화와 추상화로 적당한 크기의 엔터티를 만드는 게 쉬운 일은 아니다.
하지만 누구나 할 수 있는 일이라면 그만큼 매력적이진 않을 것이다.

---

5 이러한 어려움을 극복하는 요령과, 반드시 숙지하고 적절히 활용해야 하는 개념과 원리 등은 이 책 전반을 통해 구체적으로 살펴보게 될 것이다.

엔터티 모델링이 어려운 이유를 한마디로 표현하면 엔터티의 적당한 크기(추상화 수준)를 결정하는 기준을 찾기 어렵기 때문이다. 사실 엔터티의 추상화 수준을 무시한다면 세상의 모든 비즈니스는 극단적으로 단 2개의 엔터티와 관계로 설명하고 관리할 수 있다.

그림 8-10 극단적으로 추상화한 모델

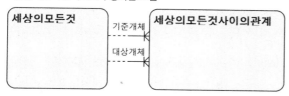

엔터티 모델링이 어려운 이유를 세분화하면 크게 다음 다섯 가지 정도로 정리할 수 있다. 이 다섯 가지는 서로 맞물려서 교집합이 있는 유기적인 내용으로 이해해주기 바란다.

첫째, 데이터 집합을 정의하기가 쉽지 않다. 모델링은 결국 업무 데이터의 분류와 묶음이라는 행위인데, 그 **기준**이 없거나 애매하면 단지 종이에 엔터티 박스를 그리고 엔터티명을 입력하는 것일 뿐이더라도 한 발짝도 진도를 나가기 어렵다. 예를 들어 '여신 연체관리 진행'이라는 은행 업무가 있는데 〈여신연체관리진행〉이라는 엔터티를 만들어야 하는지, 아니면 〈여신연체관리〉 엔터티의 〈진행〉 속성으로 관리해야 하는지와 같은 것이다. 그렇다면 그 기준이 무엇인지 명확히 밝히고 객관화하여 이를 실전에서 활용하면 될 것이다.

둘째, 데이터의 **본질**을 볼 줄 알아야 엔터티를 정확하게 정의할 수 있다. 그런데 어떠한 대상에서 비즈니스 관점을 제거하는 게 그리 쉬운 일은 아니다. 업무상 처음 마주한 사람에게서 그 사람 본연의 속성을 파악하기가 쉽지 않듯이 말이다. 이는 우리가 대상을 인식할 때 우선 복합물로 인식하기 때문이다. 어떤 속성이 어떠한 수준이나 존재에 고유한 특성인지 파악하고 정리할 수 있는 깊은 통찰력이 모델러에게 필요하다.

셋째, 엔터티의 추상화 수준을 결정하는 것은 대단히 어렵다. 여기서의 추상화 수준이란 다양한 의미를 포함한다. 예를 들어 하나의 데이터 그룹에 다양한 관점의 부분집합(서브타입)이 존재한다면, 예를 들어 사람이라는 집합이라면 이를 성별이라는 관점으로 구분할지, 피부색으로 나눌지, 그것도 아니면 그냥 한 덩어리로 관리할지 전략적으로 결정하기가 쉽지 않다. 게다가 필요에 따라 이웃한 유사 집합과 통합하고 분리하는 과정을 거치면서 엔터티의 적절한 크기를 결정할 수 있는 내공이 필요하다.

넷째, 하위의 트랜잭션 데이터만을 보고 부모 역할을 하는 상위의 논리적인 집합을 발견하는 것은 어렵다. 엔터티 모델링은 데이터 모델링의 꽃이다. 인식론에 대한 놀라운 통찰을 보여주는 시인 김춘수의 〈꽃〉이라는 시의 아래 구절을 잠시 살펴보자.

> 내가 그의 이름을 불러 주기 전에는 그는 다만 하나의 몸짓에 지나지 않았다. 내가 그의 이름을 불러주었을 때, 그는 나에게로 와서 꽃이 되었다.

이름을 불러주었을 때 비로소 꽃이 되었다라고 한 것처럼 엔터티 모델링은 발견의 영역이다. 해당 엔터티를 찾아내지 못하면 모델은 모호하거나 이상하게 그려지고, 결국 데이터가 중복되거나 이상 현상이 발생한다. 눈에 보이지는 않지만, 분명히 존재하는 논리적인 집합을 발견할 수 있는 통찰이 필요하다.

다섯째, 업무의 방대함과 복잡도에 압도되기 쉽다. 현실 세계의 업무는 점점 고도화되고 복잡해진다. 차세대 정보시스템 구축 프로젝트의 경우 새롭게 만들어지는 테이블의 수가 만 개 이상인 경우도 흔하다. 모델러가 데이터의 정체성, 성격, 특징을 파악하고 데이터가 생성되는 규칙까지 읽을 수 있어야 제대로 된 모델이 나올 수 있다. 그리고 이를 위해서는 최소한의 리소스가 확보되어야 한다. 하지만 실전에서는 턱없이 부족한 분석/설계 기간, 작업 분류 체계Work Breakdown Structure(WBS) 자체의 난센스, 업무 정형화에 필요한 현업 인터뷰 부족 등 여기저기가 다 지뢰밭이다. 그래서 주어진 리소스만으로 업무의 복잡도에 압도되지 않으면서 효율을 극대화해주는 방법론이 있어야 한다.

여기까지 읽어 내려오는 데 벌써 숨이 차고 가슴이 답답할지도 모르겠다. 이제 이러한 난제들을 극복할 방법을 본격적으로 탐구하는 여행을 시작해보자. 가장 중요한 것은 앞선 교육 과정 모델링처럼 엔터티를 명확히 정의하고 엔터티에 포함된 개체를 분명히 이해하는 것이다.

Story 09

데이터에는 유형, 종속 관계, 계층구조가 존재한다. 이것이 힌트다

🙂 나한빛: 수석님. 현재 분석 단계인데요, 기존 테이블이 많아도 너무 많아요. 도대체 어디서부터 어떻게 분석해야 할지 막막하네요.

🙂 정수석: 나선임이 맡은 업무에는 기존 시스템이 있는 모양이군.

🙂 나한빛: 네. 신규 개발이면 깔끔할 텐데, 기존 시스템의 고도화 과제라 As-Is 데이터 모델이 존재해요. 그런데 테이블이 거의 오천 개 가까이 되더라고요.

🙂 정수석: 안 그래도 나선임에게 엔터티 개념 설명이 끝나면 이어서 알려주려던 것이 바로 그 질문과 관련된 주제인데, 우리 뭔가 통했나 보다.

🙂 나한빛: 와우, 수석님. 오늘은 더 열심히 집중해서 들어야겠네요.

🙂 정수석: 내 친구 중에 사진을 업으로 하는 친구가 있어. 이 친구는 돌이나 칠순 잔치 같은 행사 촬영도 가끔 나가는데, 재밌는 건 하객이 아무리 많더라도 10분 안에 그 사람들 대부분을 파악한다는군. 예를 들어 칠순 잔치라면, 잔치의 주인공과 배우자를 가장 먼저 파악하고 그들 사이의 자녀가 2남 4녀임을 확인하면 다시 그 6명의 배우자를, 또 그 사이에 태어난 아이들을 살펴보고... 이런 식이라는 거지.

🙂 나한빛: 그런 식으로 큰 줄기를 먼저 확인한다는 말씀이시군요.

정수석: 그렇지. 부모가 같은 사람들, 다시 말해 형제자매들은 비슷하게 생겼다는 거지. 아무튼 그런 식으로 가족 관계를 큰 틀에서 파악하면 가족 구성원별로, 또 행사 주인공과의 관계를 중심으로 자연스럽고 의미 있는 사진을 많이 찍을 수 있다고 하더라고. 그런데 흥미로운 건 전문 모델러들이 방대한 As-Is 모델을 분석할 때나 To-Be 모델의 골격을 그릴 때도 이와 유사한 방법론을 사용한다는 점이야.

나한빛: 아, 지난번에 잠깐 말씀하셨던 엔터티의 부모-자식 관계라든가, 정규화에서 말한 속성의 종속성 같은 것들이 떠오르네요.

정수석: 업무에서 사용하는 데이터를 보면 데이터가 제각각 모두 다른 것처럼 보이지만…

데이터의 유형

업무 데이터를 유심히 살펴보면 일반적으로 데이터에는 그 성격이 유사해서 하나의 틀로 묶을 수 있는 유형 혹은 패턴이 존재함을 알 수 있다. 예를 들어 다음 두 사건을 놓고 생각해보자.

- A가 S전자의 상품 X를 2015년 10월 17일에 구매했다.
- B가 K은행의 계좌 Y에 2015년 10월 18일 15시 27분경 100만원을 입금했다.

구매와 입금에는 행위의 **주체**인 A와 B가 존재한다. 이는 문장의 주어에 해당한다. 그리고 이들 행위의 **대상**인 상품 X와 계좌 Y도 보인다. 이는 목적어로 이해할 수 있다. 구매와 입금이라는 **행위** 자체와 행위가 일어난 **시각**도 물론 확인할 수 있다. 업무 데이터라 함은 업무와 관련된 사건의 기록이며, 결국 업무 정보는 데이터를 육하원칙에 따라 결합한 체계라고 말할 수 있다. 보도 기사를 쓸 때 지켜야 하는 육하원칙은 사건을 명확히 표현하기 위한 기본적이면서도 필수적인 도구며, 이는 모델링에도 그대로 적용된다.

[그림 9-1]은 '업무 요건을 어떻게 데이터 모델로 표현할 것인가'라는 질문에 대한 간결하고 명쾌한 답이 될 수 있다. 성격이 같은 데이터는 하나의 유형으로 통합하고 (주체는 주체끼리, 대상은 대상끼리) 업무 행위(그림 중앙의 비즈니스)는 관련 개체들과의 관계로 표현하는 것이 핵심이다.[1]

그림 9-1 업무 요건을 형상화한 데이터 모델

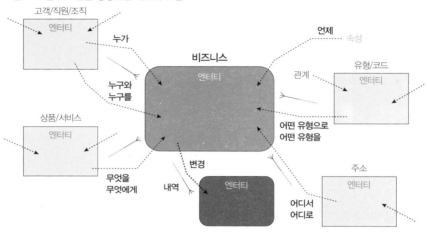

몇 만 개가 넘는 테이블을 가진 회사의 데이터라도 거칠게 일반화시켜 보면 데이터의 성격은 대부분 [그림 9-1]의 범주에 들어온다. 물론 데이터 사이의 관계라든가 이력, 상세 내역, 통합코드 등의 유형이 추가될 수 있으나, 이들은 아직 우리의 관심 대상은 아니다.[2]

더불어 데이터 사이에는 종속 관계와 같은 구조적 특성도 발견된다. 이는 관계에 참여하는 개별 데이터의 성격에서 발현된다. 예를 들어 대출 상환 업무에서 상환 금액과 상환 일시 데이터는 대출이라는 행위 데이터에 종속될 수밖에 없다. 대출이라는 사건이 발생하지 않았다면 대출 상환은 절대 존재할 수 없기 때문이다. [그림 9-1]에서 중앙의 〈비즈니스〉 엔터티는 주변의 '누가', '무엇을', '언제', '어떤 유형으

1　참고로 필자는 업무 트랜잭션(행위) 성격의 엔터티를 검증할 때 해당 엔터티와 육하원칙 관계에 있는 주변 엔터티들이 모두 제대로 된 관계로 연결되어 있는지 확인한다.

2　이력은 이 책에서 별도로 다루지는 않으며, 코드는 스토리 16에서 상세히 다룬다.

로' 등의 데이터에 종속된다. 다시 말해 주변의 기준 정보가 존재하지 않으면 업무 행위 자체가 발생할 수 없다(부모-자식 관계). 우리는 앞으로 업무 자체보다는 업무의 근간이 되는, 즉 부모 역할을 하는 주변 개체들에 대해 깊이 살펴볼 것이다.

이 책의 첫머리에서 이야기한 '데이터를 볼 줄 알아야 한다' 혹은 '데이터를 읽을 줄 알아야 한다'는 것이 바로 이 지점에 해당한다. 모델러는 최종 트랜잭션 데이터가 아니라, 트랜잭션의 실질적인 주체와 대상에 해당하는 데이터를 정확히 볼 줄 알아야 한다. 일반적으로 데이터 아키텍처와 방법론에서는 이러한 데이터를 **마스터 데이터**[3]라고 하며 중요하고 일관되게 관리되어야 한다고 말한다.

정수석의 모닝커피

업무 행위와 행위의 주체/대상

업무의 주체나 대상 등 같은 성질의 데이터를 하나의 개체로 통합하고, 업무 행위는 관련 개체 사이의 관계로 표현하는 것이 핵심이다.

데이터의 종속성과 계층구조

이러한 업무 데이터의 특징은 고스란히 데이터 개체들의 집합인 엔터티에 투영된다. 엔터티를 이해하고 제대로 정의하기 위해서는 현실 세계의 데이터를 관찰하여 업무를 통해 흘러 다니는 데이터를 구조적으로 읽을 줄 알아야 한다. 그럼 데이터를 좀 더 관찰하기로 하자.

데이터 간에는 다양한 연관 관계가 존재한다. 그중에서 데이터의 **존재적 관점**에 집중해서 (대출과 대출 상환처럼 다른 데이터의 발생에 영향을 미치는 데이터의 관점으로) 데이터 간 종속성에 대해 알아보기로 하자. 참고로 정규화 이론의 기반인 함수적 종속성이 속성 간 종속 관계를 추적하는 것이라면, 지금 설명하는 내용은 개체(인스턴스) 수준의 종속성을 따지는 것이다.

---

3 이번 스토리의 마지막 절에서 더 자세히 알아보겠다.

엔터티에는 크게 다른 엔터티에 의존하지 않고 스스로 존재하는 **강한**strong **엔터티**와 반드시 상위 엔터티가 있어야 존재할 수 있는 **약한**weak **엔터티**가 있다. 종속이라는 개념이 다소 추상적일 수 있어 덧붙이자면, 약한 엔터티는 자신의 속성만으로는 식별자key를 명세할 수 없는 불완전한 개체 유형이다. 이는 데이터 모델링에서 굉장히 중요한 개념으로, 식별자와 관계 등에 많은 영향을 끼치게 된다. 개체 집합을 어떻게 정의하느냐에 따라(그림 8-9 참조), 업무에서 관리하는 데이터의 범위에 따라, 업무 요건이 어떠하냐에 따라 강한 엔터티가 약한 엔터티가 될 수 있고, 그 반대가 될 수도 있다. [그림 9-2]는 상위 엔터티에 그 존재가 종속된 약한 엔터티의 대표적 사례인 상품과 상품 가격이다.

그림 9-2 상위 엔터티인 〈상품〉에 종속된 〈상품가격〉 엔터티

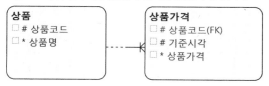

부모 엔터티인 〈상품〉에서 인스턴스가 하나 삭제되면 약한 엔터티인 〈상품가격〉의 관련 인스턴스도 삭제되어야 한다. 종속성 때문에 부모와 생사를 함께하기 때문이다. 이와 같이 하위 엔터티가 상위 엔터티의 주 식별자를 자신의 주 식별자로 상속하며 상위 엔터티에 그 존재가 완전히 종속된 약한 엔터티일 경우, 상위 엔터티를 **부모**라고 한다.

약한 엔터티는 주로 상위 엔터티의 식별자를 자신의 식별자로 상속받는다. 반면 강한 엔터티는 통상 자기 자신이 식별자를 명세한다. 주로 실체에 해당하는 본질 데이터는 강한 엔터티로, 그 실체가 발생시킨 업무 행위 데이터는 약한 엔터티로 분류할 수 있다. 이 둘을 분류하는 것은 그 자체가 목적은 아니고, 데이터의 성격을 이해하고 체계화하는 과정으로 이해해야 한다.

노파심에 덧붙이면, 이러한 자립과 종속은 온전히 논리적이면서 수학적인 집합의 개념이다. 물리적으로 실존하는 것을 기준으로 판단해서는 안 된다. 예를 들어 상품

의 부모가 부품이라고 생각한다면 잘못된 생각이다. 우리는 반드시 집합의 개념으로 사고해야 한다. 물질적으로만 생각한다면 기획 단계에서는 아직 존재하지도 않는 상품을 담을 그릇인 구조는 존재할 수 없기 때문이다.

실무에서는 [그림 9-3]과 같이 다계층구조를 갖는 ERD를 쉽게 접할 수 있다. 이 그림에서 엔터티 〈C〉는 〈A〉와 〈B〉를 부모로 해서 태어난 자식 엔터티인 동시에, 〈D〉를 만나 자식인 〈E〉를 창조할 수 있는 부모 엔터티이기도 하다. 이와 같이 데이터 모델에 다계층구조가 형성되는 이유는 무엇일까? 어떤 행위의 주체(A)와 대상(B)을 주어와 목적어로 하여 태어난 업무 행위(C)가, 어떤 경우에는 다른 행위(E)의 주어가 될 수 있기 때문이다. 즉, 구매, 납부, 입금, 반품 수준의 하위 업무 행위가 어떤 경우에는 고객이나 상품처럼 상위에서 다른 행위의 주체가 될 수 있다. 업무 데이터의 유형과 계층구조에 대해 좀 더 알아보면서 이를 명확히 이해해보자.

그림 9-3 다계층구조의 모델

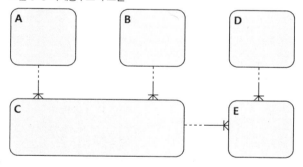

최상위의 데이터, 마스터 데이터

업무 데이터를 잘 살펴보면 패턴, 유형, 계층 같은 특성이 보일 것이라고 했다. 업무 데이터는 결국 누가 어떤 것을 대상으로 특정 시점에 어떤 업무 행위를 했다는 기록이다. 모든 데이터 모델에는 해당 업무에서 관리하려는 이러한 업무 행위의 주체와 대상이 존재하기 마련이다. [표 9-1]에 몇 가지 업무 영역의 주체, 대상, 행위를 예로 정리해보았다.

표 9-1 업체별 업무 데이터의 주체/대상/행위

	주체	대상	행위
은행	고객	계좌	입금, 출금, 이체
전자제품 제조사		전자제품	구매, 반품, A/S
이동통신사		서비스 계약	요금제 변경, 요금 납부

그런데 입금, 구매, 납부와 같은 업무 행위는 빈번하게 일어나고 행위가 일어난 시각 정보까지 더해지면 데이터가 모두 제각각이다. 반면 고객, 계좌, 전자제품과 같은 주체나 대상은 비교적 가짓수가 적고 행위 데이터에 비해 안정적이다. 현실 업무에서 실제 중요한 것은 업무를 수행한 행위, 즉 방대한 양의 업무 트랜잭션일 것이다. 그러나 데이터를 담는 그릇인 구조의 관점에서, 다시 말해 데이터 모델링 관점에서는 상위의 원천적인 개체들의 영역이 주요 관심사다. 왜 그런지 이유를 살펴보자.

정수석의 모닝커피

업무의 고객과 상품

이와 같은 구조는 기업에만 국한된 것은 아니다. 서울시의 정보시스템은 서울 시민이 고객이고 행정이라는 시민 서비스가 상품이라고 할 수 있다. 통계청은 국민이나 특정 집단을 표본으로 하여 인구총조사와 같은 국가 통계 상품을 가지고 통계 설문과 통계 결과 공표라는 업무 행위를 하는 것이다.

업종을 불문하고 기업이나 조직에서 발생하는 데이터는 육하원칙 중 '누가', '무엇을', '언제', '어디서', '어떻게'라는 범주에 있는 기준 정보를 부모로 하여 태어난다. 업무 활동의 근간이 되는 최상위 부모 데이터를 마스터 데이터라고 한다. [그림 9-4]는 가트너 그룹의 마스터 데이터 분류 체계로 '누가', '무엇을', '어떻게'는 다음과 같은 뜻이다.

- 누가: 기업이나 조직 내·외부의 모든 인적 자원에 대한 데이터(사원, 고객, 협력사 등)

- 무엇을: 기업이나 조직이 취급하는 상품이나 서비스와 같은 유·무형의 자원에 대한 데이터(상품, 품목, 서비스 등)

- 어떻게: 기업이나 조직 활동의 근거가 되는 (주로 무형의) 개체들에 대한 데이터(사업, 계정, 계약 등)

그림 9-4 가트너 그룹에서 정의한 마스터 데이터

무엇을   누가

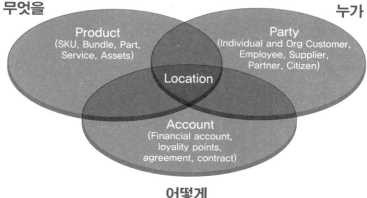

어떻게

트랜잭션 데이터는 기업이나 조직의 활동, 즉 업무 행위에 대한 데이터다. 따라서 고객이나 상품에 관한 데이터라도 거래 내역에 관한 것이라면 트랜잭션 데이터에 속한다. 마스터 데이터를 '기업 활동의 핵심이 되어 자주 사용되는 데이터'로 정의하는 곳도 있지만, 모델링에서의 마스터 데이터는 이 정의와는 사뭇 다르다. 우리가 현실 세계에서 쉽게 보고 확인할 수 있는 것은 업무 행위인 트랜잭션의 영역이다. 업무 행위의 주체와 대상은 좀 더 근원적이라 개별 트랜잭션처럼 많이 드러나지 않는다. 따라서 핵심이라는 점은 마스터 데이터의 성질에 맞지만 자주 사용된다는 것은 옳지 못한 표현이다.

마스터 데이터의 범위에 대해서는 일부 논쟁의 여지가 있겠으나 '기업이나 조직 활동의 근간을 이루는 데이터'라는 정의가 가장 적합할 것 같다. 여기서 '활동의 근간'이라는 표현에 주목하자. 활동 자체의 데이터는 마스터 데이터가 아니며 활동의 근간, 즉 기준이 되는 데이터여야 한다는 것이다. 물론 데이터 모델의 최종 목적은 업무 행위를 기록하는 것이다. 그러나 마스터 데이터라는 상위 모델을 체계화하지 않은 채 하위 모델을 제대로 조직한다는 것은 어불성설이며, 결국 관리해야 할 데이터를 정확하고 효율적으로 담을 수 없게 된다.

그림 9-5 SaaS 전사 데이터 유형 및 범위

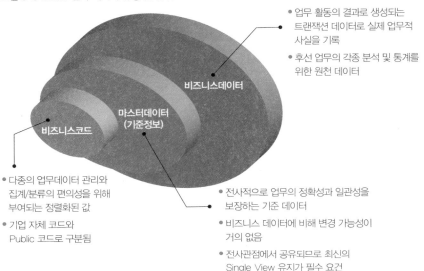

● 업무 활동의 결과로 생성되는
  트랜잭션 데이터로 실제 업무적
  사실을 기록

● 후선 업무의 각종 분석 및 통계를
  위한 원천 데이터

비즈니스데이터

마스터데이터
(기준정보)

비즈니스코드

● 다종의 업무데이터 관리와
  집계/분류의 편의성을 위해
  부여되는 정렬화된 값

● 기업 자체 코드와
  Public 코드로 구분됨

● 전사적으로 업무의 정확성과 일관성을
  보장하는 기준 데이터

● 비즈니스 데이터에 비해 변경 가능성이
  거의 없음

● 전사관점에서 공유되므로 최신의
  Single View 유지가 필수 요건

한 가지 더, 업무 행위의 주체인 '누가'에는 사람뿐 아니라 사물이나 개념도 올 수 있다. 더 나아가 업무 행위 자체도 '누가'가 되어 다른 행위의 주체이자 부모 역할을 동시에 할 수 있다. 앞서 이야기한 다계층구조가 만들어지는 것이다. 구체적인 사례를 통해 이 부분을 명확히 이해해보자.

[그림 9-6]은 고객에게 서비스 상품을 제공하고 계약 기간 동안 비용을 청구하는 일반적인 기업의 데이터 모델 원형에 가까운 개념 모델이다. 다소 복잡해보일 수도 있으나 구조적인 관점에서만 보면 크게 어렵지 않다. 〈고객〉은 다수의 〈서비스상품〉을 포함하는 〈서비스계약〉을 할 수 있고, 이 계약의 실사용자와 명의자는 다를 수 있다. 〈서비스계약〉에 대한 비용 청구는 〈청구계정〉이라는 단위로 이루어진다. 여기서 하나의 〈청구계정〉은 일반적으로 하나의 〈서비스계약〉과 관계가 있으나, 다수의 〈서비스계약〉을 묶을 수도 있는 구조다.

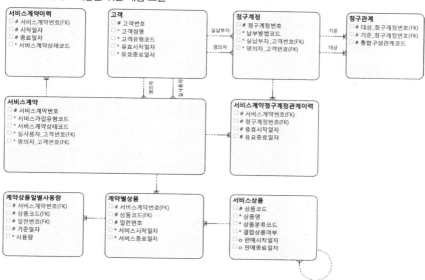

그림 9-6 서비스 제공을 위한 개념 모델

청구 부분에 집중해보자. 서비스업체(누가)가 고객(무엇)을 대상으로 청구라는 업무 행위를 하는 것이다.[4] 이 청구에 대해 고객에게 돈을 받는 업무 프로세스가 분명 존재할 것이다. 그러면 돈을 받는 행위의 주체는 누구일까? 서비스를 제공한 업체인가? 여기서 잘 생각해보아야 한다. 데이터 모델링의 관점에서 돈을 받는 주체는 업체가 아니라 '청구'라는 행위가 된다. 다시 말해 사람도 사물도 아닌 다른 업무 **행위**가 주체가 된다.

예를 들어 3~5월분 요금을 연체 중인 고객이 돈을 납부하면 통신사가 3월분 미납금부터 순차적으로 제거해나가는 것이 아니라, 고객이 특정한 청구 건인 4월분 미납금만 낼 수도 있게 하는 것이 일반적이다. 만약 전자와 같은 업무 규칙을 갖고 있다면 수납의 주체는 업체가 맞다. 그러나 고객이 특정 청구를 명시해서 돈을 낸 것이라면 업체가 아니라 청구 그 자체가 고객에게 돈을 요구한 셈이 된다. 즉, 청구라는 행위가 다른 행위의 주체로 상승한 것이다.

---

4 업체는 명확한 단일 개체이므로 모델에서는 생략했다.

이러한 개념을 이해하지 못하면 수납 엔터티의 관계선을 청구에 긋지 못하거나 청구라는 중요한 엔터티를 도출하지 못하게 된다. 이로 말미암아 모델의 골격이 틀어지며 데이터는 정확한 단위로 관리되지 못한다. 결국 프로그램은 수많은 예외 처리로 복잡도가 급격히 높아져서 유지보수하기도 벅찬 모습이 되어버린다.

앞의 데이터 모델을 다음과 같이 엔터티의 유형으로 정리해보면 모델의 계층구조와 패턴이 더 또렷이 드러날 것이다. 모델이 다단계의 부모-자식 관계를 갖는 이유는 업무 행위가 다른 업무 행위의 주체가 될 수도 있고, 논리적인 개념 역시 상위 집합에 위치할 수 있기 때문이다.

그림 9-7 유형 관점에서 정리한 데이터 모델

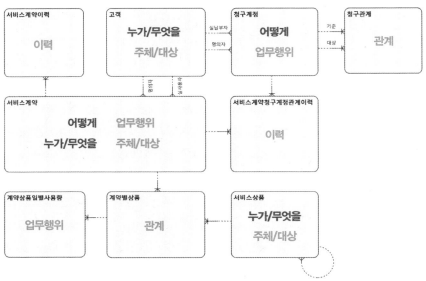

〈서비스계약〉 엔터티는 특정 〈고객〉이 〈서비스상품〉을 대상으로 계약이라는 행위를 한 트랜잭션 엔터티다. 계약과 상품의 관계 때문에 별도의 〈계약별상품〉 엔터티가 관계 엔터티로 추가된 것뿐이다. 동시에 〈서비스계약〉 엔터티는 〈계약상품일별사용량〉이라는 또 다른 트랜잭션이 태어나게 한 부모 역할을 한다. [5]

---

5 그림의 '주체/대상' 또는 '업무행위' 중 계약에 해당하는 Account에 대해서는 스토리 10에서 상세하게 다룬다.

정리해보면 데이터 모델은 'A와 B가 C를 낳고, C는 D와 만나 E를 낳고…'와 같은 다단계 계층을 이루게 되므로, 모델링할 때나 기존 모델을 분석할 때는 족보의 뿌리를 찾아가듯 최상위의 행위자와 행위의 대상을 명확히 정의하고 식별해야 한다.

끝으로 지금까지의 설명을 기반으로 개념 데이터 모델을 그리는 순서를 살펴보면 다음과 같다. 이 순서는 운영 중인 데이터베이스에서 데이터 모델을 추출하는 리버스 모델링에도 그대로 적용된다.

1. 최상위의 고객과 상품을 찾는다.

2. 고객과 상품 수준의 다른 주체와 대상도 찾는다.

3. 고객과 상품이 행한 업무 트랜잭션(주로 계약 수준)을 찾는다.

4. 트랜잭션이 주체로 행한 하위 트랜잭션을 찾는다.

5. 관계를 찾아 연결한다.

6. 각 엔터티를 주요 속성부터 채워나간다.

7. 이력 등 기타 엔터티를 고려하며 전체 모델을 상세화한다.

다음 스토리에서는 업무 행위들을 동일한 성격으로 묶을 수 있는 Account라는 개념에 대해 알아보기로 한다. 이는 마스터 데이터의 '어떻게'에 해당하는 영역으로, 데이터 모델의 골격을 결정짓는 중요한 개념이다.

Account, 개체 그룹핑 모델링을 이해해야 한다

Account라는 마스터 데이터, 업무 행위의 논리적 주체를 알아야 한다

[그림 9-6]에서 〈청구계정〉 엔터티가 없다면 어떤 문제가 발생할까? Account(계정)의 개념을 조금이라도 알고 있는 독자라면 이미 눈치 챘겠지만, 〈청구계정〉이 없다면 청구 업무가 고객이 계약한 서비스 단위로밖에 이루어질 수 없다.

  [그림 10-1]과 같이 엄마, 아빠, 아들로 구성된 가족은 모두 같은 이동통신사의 서비스를 이용한다고 해보자. 미성년자인 아들은 아빠 명의로 가입되어 있으며 그 요금은 엄마가 낸다. 그리고 엄마는 본인이 사용한 서비스와 아들의 서비스 비용을 하나의 청구 단위로 지불할 것을 요청받는다. 즉, 개별 계약 단위가 아닌 계약의 묶음 형태로 청구가 이루어지고 있다.

그림 10-1 3인 가족의 이동통신 서비스 사용 상황

그런데 만약 〈청구계정〉 엔터티가 없었다면 이러한 형태의 요금 청구는 불가능했을 것이다. 서비스별 비용을 묶어서 청구하려면 그에 맞는 단위가 필요한데, 이러한 단위로서의 청구 집합이 바로 〈청구계정〉이다. 따라서 이 엔터티가 누락되었다는 것은 그 단위 개체 자체가 존재하지 않는다는 뜻이다.[1]

여기까지 이해되었다면 데이터의 발생 단위와 이를 묶는 상위 단위에 대한 감을 얻었으리라 기대한다. 그럼 본격적으로 Account에 대해 알아보자. 우리말로는 흔히 계정이라고 번역되는 Account를 사람들은 어떻게 이해하고 있는지 궁금하여 주변의 IT 종사자 4명에게 물어봤다.

---

1 물론 존재하지 않는 집합을 애플리케이션으로 가공해서 처리할 수는 있지만, 그만큼 애플리케이션이 복잡해진다.

A: 계정? UNIX 서버 계정을 말하는 건가요?

B: 음... 뭐랄까. 산에서 칡을 캘 때 들어 올리면 칡넝쿨이 쭉 올라오잖아요. 그럴 때 여러 뿌리를 달고 있는 제일 위쪽의 줄기 같은 거지요. 뿌리를 데이터라고 생각하면 트랜잭션 데이터를 주렁주렁 매달고 있는 상위의 개체 엔터티 같은 거라고 생각합니다.

C: 업무 처리 데이터들을 동일한 범주로 관리할 수 있는 단위라고 생각합니다. 어떤 면에서 Account는 계약contract의 이음동의어가 아닌가 싶습니다.

D: Account가 뭔가요? 전 그런 거 모르고도 그동안 모델링 잘했습니다.

D의 경우를 보면 아마도 둘 중 하나일 것이다. Account의 개념을 몰라서 골격이 잘못된 데이터 모델을 많이 그려왔거나, Account라는 말은 몰랐지만 이미 그 개념을 가지고 Account에 해당하는 개체 집합을 엔터티로 표현해서 트랜잭션을 정확한 단위로 관리한 경우일 것이다. 후자에 해당한다면 이후의 설명을 통해 모호했지만, 분명히 인식하고 있던 생각을 정리하는 시간이 될 수 있을 것이며, 전자라면 이번 기회에 그 개념을 반드시 명확히 이해해야 할 것이다.

필자는 앞의 네 답변 중 B와 C를 조합한 형태가 마음에 든다. 즉, Account는 '**업무 행위의 최상위 주체로, 관련 업무 처리들을 동일한 성격으로 관리하는 단위**'다. Account는 또한 '**수많은 행위 데이터를 동일한 성격으로 묶을 수 있는 단위 개체**'로, 일반적으로 계약 행위를 통해 탄생하지만, 관련된 다른 하위 행위의 직접적인 주체 역할을 담당한다. 구체적인 사례를 통해 심도 있게 이해해보자.

X는 S전자로부터 동일한 노트북 2대를 구입해서 각각 집과 사무실에서 사용하고 있다. 그러던 중 집에서 사용하던 노트북에 이상이 생겨 A/S를 받게 되었다. 이때 얼핏 S전자는 X라는 한 사람에게 서비스하는 것 같지만 사실 각 상품을 구입한 개별 고객에게 서비스하는 것이다. 즉, S전자 입장에서는 '상품을 구매한 고객' 단위로 서비스 대상을 인식한다. S전자는 A/S를 요청하는 사람의 연락처나 주민등록번호보다는 고장 난 노트북의 모델명과 일련번호가 일차적인 관심 대상이다. A/S의 단위가 사람이 아닌 상품이기 때문이다. X 역시 A/S 권리는 상품별로 요구하는 게 맞다. 이것이 Account의 개념이다.

일반적으로 [그림 9-6]의 〈서비스계약〉과 같은 엔터티는 Account를 의미한다. X가 구입한 노트북 상품에 해당하는 계약은 각각 별개의 인스턴스로 〈서비스계약〉 엔터티에 존재해야 한다. 그리고 상품별 보증 서비스와 서비스 처리 결과와 같은 기타 트랜잭션 데이터는 해당 〈서비스계약〉 엔터티의 하위에서 〈서비스계약번호〉 속성을 식별자로 상속받아 관리해야 한다. 다시 말해 데이터적으로는 사람이 아니라 계약 단위로 서비스 활동이 이루어짐을 이해해야 한다. 결국 구체적인 업무 행위의 주체는 의인화된 Account인 것이다.

행위의 주체라는 것은 행위가 해당 주체에 완전 종속되었음을 의미한다. 그래서 Account를 '어떤 업무 처리 데이터들을 동일한 범주로 관리할 수 있는 단위며 통상적으로 계약에 의해 발생한다'고 정의할 수 있다. 두 가지 예를 더 살펴보자.

Y가 특정 웹사이트에 111번 회원으로 가입했다가 탈퇴한지 일주일 만에 222번 회원으로 다시 가입했다. 그런데 웹사이트의 현 구조상 111번일 때의 회원 정보를 상속받지 못한다고 한다. 이것이 의미하는 바는 이 시스템에서는 사람이라는 물리적 개체의 본질적인 정보(고객)와 xxx번 회원으로서의 역할 정보(회원)를 분리해서 관리하지 않고 '회원 = 고객'으로 인식해서 구현했다는 것이다. 기존 고객 정보를 상속받고자 한다면 물리 개체로서의 사람과 논리 개체로서의 회원을 분리할 필요가 있다. 앞서 Account는 계약이라고 했는데 지금의 경우도 마찬가지다. 웹사이트 가입이라는 일종의 계약을 한 셈이기 때문이다. 번듯한 종이 계약서를 작성한 것만이 계약은 아닌 것이다.

다음은 어느 포탈의 회원 가입 이야기다. 이 포탈에서는 개인당 ID를 3개까지 만들 수 있다. 일종의 제약인 셈이다. 그래서 Z는 AAA라는 ID와 BBB라는 ID 2개를 만들었다고 한다. 메일, 블로그, 카페 활동 등 여기저기서 발생하는 비즈니스 데이터는 Z라는 개체가 아닌 Z가 만든 계정에 지배받는다. 즉, 특정 카페에서 Z가 작성한 글은 Z라는 사람 개체가 아닌 AAA 혹은 BBB라는 논리적인 계정을 최상위로 해서 발생하는 것이다.

논리적으로 분명히 존재하는 최상위 주체인 Account를 발견하지 못해 엔터티로 도출하지 못할 경우 관계선은 이상하게 연결되기 시작하며, 데이터 모델은 스파게티처럼 꼬이게 된다. 업무 데이터를 담으려면 반드시 업무의 주체인 Account가 존재해야 하므로 어쩌면 모델링에서 가장 중요한 골격에 해당한다고 할 수 있다. 시스템에서 Account의 정의가 올바르지 못하면 이후의 업무 데이터는 제 위치를 찾지 못하고 골격은 뒤틀린다. 준공된 지 얼마 되지 않은 건물에 균열이 생겨 덕지덕지 시멘트칠을 하는 것처럼 시스템은 온통 애플리케이션 로직으로 균열을 땜질하기 시작한다. 점점 더 누더기가 되어갈 것은 자명하다.

독자에게 전달하고 싶은 메시지의 핵심은 **데이터의 올바른 부모 찾기**다. 업무 행위의 주체를 정확하게 식별하고, 특히 업무 서비스의 최상위에 해당하는 Account를 명확하게 정의하기 위해서는 지금까지 설명한 논리를 구체화하고 다양한 실전 경험을 통해 자신만의 안목과 기준을 구축해가는 시간이 필요하다.

눈에 잘 보이지는 않지만, 개념적으로 분명히 존재하는 집합이자 행위의 주체인 Account라는 마스터 데이터를 발견할 수 있는 능력이 모델러의 힘이다.

정수석의 모닝커피

그룹핑하는 상위의 단위 개체

우리는 데이터 개체가 상위 단위에 지배를 받는 경우, 혹은 하위 데이터들을 묶는 개념, 그리고 데이터들을 동일한 성격으로 그룹핑하는 논리적인 개체에 주목해야 한다. 통상 업무 행위의 최상위 주체를 Account라고 하지만, 광의적으로는 이러한 상위 단위의 개체들을 모두 Account라고 이해해도 무리없다.

Account와 같은 상위 개체 집합이 누락된다면?

Account에 대한 이해를 돕고 상위 개체 집합이 부실하거나 누락되었을 때 나타나는 문제점을 보여주는 예를 더 살펴보자. [그림 10-2]는 우리에게 익숙한 상품 주문을 조금 다르게 표현한 다이어그램이다.

그림 10-2 〈고객〉과 〈주문내역〉

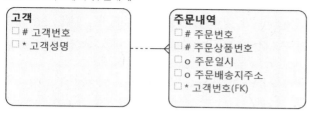

〈주문내역〉 엔터티의 주 식별자를 유심히 관찰해보자. 주 식별자에는 〈주문번호〉뿐 아니라 〈주문상품번호〉까지 포함되어 있다. 이를 통해 〈주문내역〉에 포함되는 개체 발생과 관리의 단위는 주문한 상품임을 알 수 있다. 즉, 고객이 3개의 상품을 한 번에 주문했더라도 개체 3개가 만들어지는 구조다(표 10-1).

더불어 **개별 주문 상품을 묶는 단위**로서의 주문 개체는 어디에 있는 걸까? ERD 상으로는 주문 개체는 존재하지 않는다. 그런데 〈주문내역〉의 속성 중 〈주문일시〉와 〈주문배송지주소〉는 분명 주문 수준의 정보다. 이들은 더 상위 수준의 정보인 까닭에 [표 10-1]에서처럼 〈주문번호〉가 동일한 상품 중 대표 개체 하나에만 이들 정보를 기록해도 정상적인 주문 처리가 가능하다(물론 애플리케이션이 이런 상황을 인지하고 대응해야 한다).

표 10-1 한 번에 여러 상품을 주문했을 때의 〈주문내역〉 엔터티의 모습

주문번호	주문상품번호	주문일시	주문배송지주소	고객번호
1000	10	2015.10.10	서울시 영동포구	CS5001
1000	14			CS5001
1000	20			CS5001
1001	14	2015.10.11	강원도 강릉시	CS6000
1001	15			CS6000

주문도 일종의 계약이므로 Account로 인식할 수 있다. 지금의 모델은 주문이라는 Account 없이 주문의 상세 내역만을 관리하는 구조다. 그리고 같은 주문의 첫 상품에만 주문 수준의 속성을 기록함으로써 주문 엔터티 부재에 대응하고 있기는 하나, 많이 어색해 보인다. 마땅히 존재해야 하는 주문이라는 개체 집합이 누락되어서 무리가 따르게 된 것이다.

주문의 첫 상품이 주문을 대표하는 개체이기 때문에 주문 취소나 환불 등의 프로세스에서 발생하는 다양한 데이터가 첫 상품 데이터와 관계되어야 한다. 현행 모델은 주문 상품이 변경되면 구조적으로 견디기 힘들 것이다. 비즈니스를 담기에는 유연성이 부족하다는 뜻이다.

정수석의 모닝커피

계정 성격의 개체 정의

결국 데이터 개체는 올바른 단위에서 정의되고 관리되어야 한다. 그래야 다른 개체 집합과의 관계 역시 올바르게 맞어질 수 있다.

이상의 사례는 모델도 간단하고 주문이라는 익숙한 업무를 다루어 금세 문제점을 발견할 수 있지만, 복잡한 실무에서는 업무 데이터의 발생과 관계 파악이 쉽지 않아 논리적인 상위 개체를 제대로 정의하지 못한 경우가 왕왕 발견된다. 그래서 [표 10-1]과 같이 상위에서 관리해야 할 개체가 정의되지 않아 하위 집합에서 데이터를 쌓는 모습을 자주 발견할 수 있다.[2]

심지어 업무 담당자조차 이런 구조적인 문제점을 인지하지 못하는 경우도 많다. 모델의 골격이 잘못 되면 데이터가 잘못 쌓이고, 애플리케이션에 무리가 가며, 향후 비즈니스가 변경될 때 유연하게 대응하기 어렵다. 반드시 상위 집합을 정의하고 엔터티로 관리하는 것이 바람직하다. [표 10-1]처럼 데이터가 부분적으로 중복되어 쌓이거나, 대표 개체에만 값이 존재하고 다른 개체의 속성에는 NULL이 많다면 구조에 문제가 없는지 의심해봐야 한다.

---

2 이런 상황을 통상적으로 '하위 집합이 상위 집합을 삼켰다(혹은 먹었다)'라고 한다.

서비스, 청구를 통해 알아보는
업무 처리를 묶는 단위 개체의 중요성

상위 개체 집합이 누락되었을 때의 문제점을 이해하였으니, 이를 바탕으로 이번 스토리 첫 부분에서 살펴본 한 가족의 통신 서비스 사용 상황을 조금 확장해보자.

   엄마, 아빠, 아들 모두 같은 이동통신사의 서비스를 이용한다. 아들은 아빠 명의로 가입하였고 그 요금은 엄마가 낸다. 정확히 표현하면 아들이 사용한 서비스 요금을 지불할 의무는 엄마에게 있으므로 통신사는 엄마 앞으로 사용료를 청구한다. 이때 엄마는 본인의 사용료와 아들의 사용료가 합쳐진 단위로 청구를 요청받는다. 여기에 더해 아빠는 업무용 번호를 하나 더 사용하며, 청구는 이 둘을 묶은 단위로 요청받기를 희망한다. 또한 엄마와 아빠의 개별 청구 건을 하나로 통합한 수납 처리가 가능하다면 더 편리할 것이다.

그림 10-3 청구 단위를 독립시켜 가족 전체의 수납을 하나로 통합

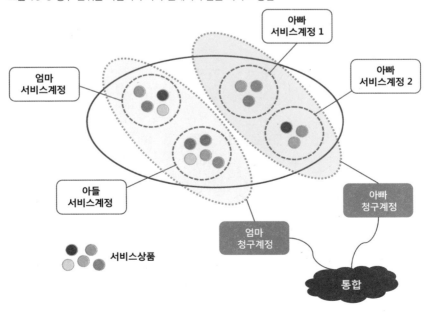

이러한 요구사항을 만족하게 하기 위해서는 다음 두 가지가 충족되어야 한다.

1. 여러 조건과 상품을 묶어 특정인이 사용하는 서비스를 관리할 수 있다.

2. 개별 서비스 계약을 묶음 단위로 청구하기 위해 서비스와는 별도인 청구 단위가 존재한다.

이러한 청구 단위가 있다면 엄마와 아빠의 청구까지 묶어서 가족의 수납을 하나로 통합할 수 있는 등의 업무 유연성이 가미된다.

업무 처리를 묶는 단위로서의 상위 개체를 잘 정의할 수 있는 능력, 그리고 분류와 묶음에 대한 통찰력은 모델러에게 특별히 요구되는 역량이라고 할 수 있다. 데이터 모델의 적정성을 검증하는 관점이 여러 가지 있지만, 필자는 행위와 행위의 주체가 정확히 식별되었는지와 업무 처리를 묶는 단위 개체 집합이 명확한지를 가장 주의 깊게 살펴본다. 이는 전체 모델 구조의 골격에 해당하는 가장 중요한 핵심이기 때문이다.

개체를 묶는 방법

데이터 모델링을 오래 하다 보면 개체를 특정한 관점을 기준으로 묶어야 할 필요를 많이 느끼게 된다. 이럴 때를 위해 개체를 묶는 방법을 몇 가지 살펴보자.

스토리 4에서 개체를 그룹핑하는 관점은 데이터를 의미적으로 한정하면서 구조화하는 디멘션으로 구현될 수 있다고 했다. 따라서 [그림 10-4]의 A와 B라는 두 논리적 그룹은 상위의 디멘션처럼 정의하여 [그림 10-5]와 같은 그룹 관계로 구조화할 수 있다.

그림 10-4 두 개의 논리적 그룹을 포함한 개체 집합

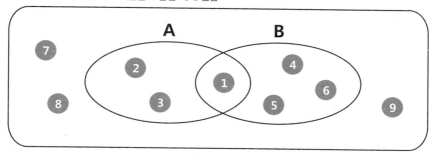

그림 10-5 개체 집합을 그룹 관계로 구조화

그런데 그룹핑 단위용 개체 집합(A와 B)이 별도로 존재하는 것이 아니라, 전체집합 내부의 다른 개체라면 어떻게 처리할 수 있을까? 예를 들어 8이 그룹 A를, 9가 그룹 B를 대표하는 개념이라면 8과 9는 [그림 10-6]과 같이 상위 개체로 정의할 수 있다.

그림 10-6 개체 8과 9가 그룹 A와 B를 대표하는 상위 개체일 경우

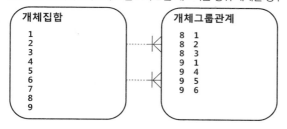

그렇다면 상위 개체를 정의하지 않고 [그림 10-7]처럼 해당 그룹의 대표 개체를 정의하는 방법은 어떨까?

그림 10-7 대표 개체가 해당 집합 안에 포함된 경우

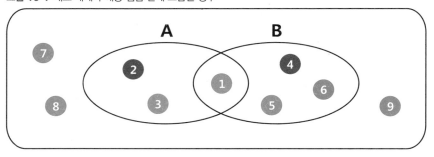

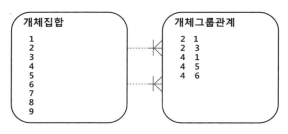

이는 [표 10-1]과 같은 상황이다. 즉, 〈주문〉이라는 상위 개체 없이 〈주문내역〉 개체에서 대표 상품 개체에 주문 관련 속성을 저장하는 것과 같다. 하지만 그룹을 대표하는 개체가 변경될 수도 있고 그에 따른 파급력이 크기 때문에 유연성이 떨어지게 마련이다. 물론 대표 개체가 변경될 여지가 전혀 없다면 고려해볼 수는 있으나, 구조적으로는 안정적이지 못하다.

엔터티 모델링의 어려움을 극복할 방법론, 전략이 있다

소프트웨어 개발에 대한 단상과 모델링 전략

잠시 호흡을 고르는 의미에서 모델링이라는 주제에서 한 발짝 물러서서 우리가 일하는 환경과 방법론에 대해 잠시 살펴보려고 한다. 그리고 그에 따른 한계를 확인해본 후 그 문제점을 극복하기 위한 전략에 대해 고민해보도록 하자.

엔터티 모델링이 어려운 이유는 경험재가 아니기 때문이다

앞서 스토리 9에서 엔터티 모델링이 어려운 이유 다섯 가지를 살펴보았다. 여기에 애플리케이션과는 다른 데이터 모델의 특성에서 기인한 이유 하나를 더 추가하려 한다. 모델은 프로그램과 같은 경험재experience goods가 아니다. TV는 구매 후 바로 확인해서 작동이 안 되면 즉시 반품할 수 있고, 프로그램은 컴파일 에러가 발생하면 즉시 확인 후 수정이 가능하며 실행 결과도 즉각 눈으로 확인된다.

그렇지만 방금 그린 ERD는 잘 작동하는지, 다른 문제는 없는지 즉시 확인해볼 수 없다. 모델은 아키텍처의 기저에 존재하여 구조적 문제가 당장 수면 위로 올라오지 않는다. 작성한 모델을 정량적으로 평가하는 것도 쉽지 않다. 이런 이유로 데이터 모델은 검증조차 쉽지 않다.

업무 요건을 정확히 이해하고 정의한다는 것의 어려움

아내가 삼겹살을 사오라고 했다. 나는 다 떨어진 담배도 살 겸 마트에 가서 삼겹살을 고른다. 그런데 막상 와 보니 삼겹살 종류가 한두 가지가 아니다. 녹차를 먹여 기른 녹돈, 제주시의 공인을 받았다는 값비싼 제주오겹살, 게다가 목우촌과 같은 브랜드 삼겹살도 있다. 아내가 무엇을 원하는지 모르기 때문에 일단 브랜드가 있는 목우촌 삼겹살을 고른다. 그리고 아내에게 전화하니 목우촌은 값이 비싸다며 일반 삼겹살을 사오라고 한다. 일반 삼겹살이 무엇일까 고민해본다.

이렇듯 삼겹살을 사오라는 간단한 요청조차 명확하지 않다. 그렇다면 과연 이보다 몇 십만 배 복잡한 현실 업무를 정확히 이해하여 정의한다는 것이 가능할까? 문제 영역을 정확히 파악하여 요구명세로 만들어낸다는 것은 굉장히 어려운 일이다.

소프트웨어의 역할은 문제 영역을 시스템으로 옮기는 것이다

소프트웨어의 역할은 인간이 지닌 문제를 컴퓨터로 해결하는 것이다. IT는 계층 간의 통역이라고도 할 수 있다. 인간의 언어를 프로그래밍 언어로, 다시 기계어로 전환하고, 최종적으로는 전기적 신호로 번역한다. 사용자의 문제 영역은 인간의 영역이며 0과 1의 세계는 물리적인 영역이다. 소프트웨어는 이 두 영역 사이에 존재한다. 따라서 우리는 인간과 소프트웨어 그리고 물리라는 세 계층을 모두 이해해야 한다.

문제 영역, 요구사항의 명확한 정의는 가능한 것일까

IT가 당면한 여러 문제의 본질 하나는 문제 영역을 정확하게 정의할 수 없다는 것이다. 앞서 삼겹살을 사오라는 간단한 요구에서조차 우리는 문제 영역을 정확히 알 수 없었다. 정보시스템의 요구사항은 확정될 수 있을까? 우리는 요구사항이 프로젝트가 끝날 때까지 변경된다는 사실을 너무도 분명히 알고 있다. 요구사항을 완벽히 통제하고 확정하는 것은 사실상 불가능하며, 요구사항은 항상 모호하다.

필자는 한 프로젝트에서 이제 요구사항이 확정되었다고 확신한 순간이 있었다. 그런데 그 요구사항을 충족시키기 위한 하위 요구사항은 확정되지 않은 채로 남아 있었다. 소프트웨어는 한 덩이에서 작은 모듈로, 다시 복잡한 세부 로직까지 계층적으로 구성된다. 요구사항도 마찬가지다. 5,000줄짜리 프로그램에서 임의로 두 줄을 삭제해보자. 프로그램은 바로 멈출 것이다. 이것이 바로 요구사항을 상세화하고 명확히 정의하기가 어렵다는 사실을 반증하는 것이다. 왜냐하면 프로그램 소스에서 if-else로 코딩된 한 줄 한 줄은 문제 영역의 해결 과정이며 이는 결국 사용자의 요구사항과 다를 것이 없기 때문이다.

참고로 필자는 오랜 기간 수행사의 입장에서 개발 프로젝트에 참여했었다. 수행사는 프로젝트가 산으로 갈수록 고객을 탓한다. 고객이 요구사항을 확정하지 못하고 계속 바꾼다고 탓한다. 그런데 고객이 되어 프로젝트를 발주하고 개발을 주관하는 소위 갑의 입장에서 일해 보니 요구사항을 정의하고 확정하는 것이 굉장히 어렵다는 것을, 거의 불가능하다는 것을 천천히 알아가고 있다. 문제 영역을 정확히 정의하려면 고객이 문제 영역을 잘 알고 있어야 하는데, 사실 고객사의 담당자 역시 문제 영역을 모두 알지는 못한다. 이는 상당 부분 문제 영역의 복잡도에 기인한다. 어쨌든 문제 영역을 정확하게 이해하고 정의한다는 것은 불가능에 가깝다.[1]

복잡도 문제를 해결하려면 무엇이 필요한가

지금까지의 장황한 이야기는 모두 복잡도를 말하기 위함이었다. 현실 세계의 업무는 복잡하다. 따라서 이를 시스템으로 옮겨놓은 소프트웨어도 복잡할 수밖에 없다. 복잡한 업무가 복잡한 소프트웨어로 옮겨질 뿐이다. 이렇듯 소프트웨어는 태생적으로 복잡하다. 그리고 시스템의 규모가 커지면서 그 복잡성도 기하급수적으로 커진다. 업무 규모가 10이었을 때 오류가 10개였다면 업무 규모가 100일 때는 오류가 10^{10}개로 증폭될 수 있다. 이러한 복잡도 문제를 해결할 수 있는 무언가가 필요하다.

분할 정복

정보 기술이 찾은 복잡한 문제 풀이의 방법은 분할 정복divide and conquer이다. 이 개념은 나폴레옹이 아우스터리츠 전투에서 사용하면서 유명해졌는데, 여기에는 현실 세계의 특정 부분은 무시하여 문제를 간단하게 만드는 **추상화** 기법이 적용된다. **기능** 관

---

1 모델링과는 조금 무관하지만 이런 문제의식에서 시작한 것이 최근 유행하는 애자일 개발 방법론이다.

점으로 추상화한 UML의 유스케이스, **데이터** 관점으로 정규화된 엔터티가 모두 분할 정복의 산물이다. 어떤 이름으로 부르든 본질은 동일하다.

다만 분할 정복이 시스템의 복잡도를 덜어주는 것은 아님에 주의해야 한다. 앞서 언급한 것처럼 프로그램을 작성하면 복잡한 업무가 복잡한 소프트웨어로 옮겨질 뿐이다. 소프트웨어의 복잡성을 분할 정복으로 해결할 수 없는 이유는 소프트웨어를 모듈화한다고 해서 로직도 모듈화되는 것은 아니기 때문이다. 결국 분할은 소프트웨어의 복잡도를 제거하는 것이 아니라 복잡도의 숲에서 길을 잃지 않고, 업무 영역을 시스템으로 옮기는 데 지치거나 압도되지 않도록 도와 줄 뿐이다.

결론, 분류가 필요하다

분할 정복은 필연적으로 분류 문제를 발생시킨다. 하지만 업무 도메인에서도 절대적인 분류 기준을 찾을 수는 없다. 분류란 내가 생각하는 대상을 어디에 두고 어떻게 묶느냐는 것인데, 그 기준이 항상 애매하다. 이러한 분류 문제는 소프트웨어 공학의 모든 곳에 나타난다. 해결하려는 문제가 너무 복잡하기 때문에 우리는 문제를 쪼갤 수밖에 없다.

데이터 모델링에서는 정규화가 바로 분류의 핵심 기준이다. 데이터 영역을 멀리서 보면 정규화가 보이고 현미경으로 보면 부분집합이 보인다. 업무 도메인이 변경되는 게 두렵다면 그중에서도 변경되지 않을 법한 것을 앞에 내세워야 한다. 업무 도메인을 유지해주는 근본적인 것이 무엇인지 생각해야 한다. 업무 도메인도 변하는 것과 변하지 않는 것으로 나뉜다. 우리는 가급적 변하지 않는 것에 집중해야 한다.

이런 변하지 않는 부분을 찾아내기란 쉽지 않다. 은행은 각양각색의 예금 상품을 만들어 팔고 있다. 그러나 대부분의 은행 예금에는 정해진 만기일이 있고, 이자를 지급해야 한다는 사실은 변하지 않는다. 그리고 어떤 분류 체계든지 그 체계에 부합하지 못하는 대상이 있으므로, 결국 억지로 끼워 넣거나 다수의 분류에 애매하게 걸치는 경우도 적잖이 확인할 수 있다. 이는 분류가 얼마만큼의 보편성을 획득할 수 있느냐의 문제로 귀결된다.

지금까지 설명한 내용을 간단히 정리하고 넘어가자. 엔터티 모델링의 어려움과 복잡도를 극복할 전략은 정규화 이론에 근거한 분류, 마스터 데이터를 중심으로 한 업무 행위의 주체와 대상 식별, Account 중심의 접근법, 명확한 분류다. 그리고 다음 스토리에서 설명할 통합과 분리의 결정도 포함된다. 결국 데이터 모델링이란 분류와 묶음이다.

분류의 결과물은 서브타입(부분집합)이다. 이제 서브타입에 대해 알아볼 차례가 된 것 같다.

분류와 서브타입

앞에서 다룬 분할 정복과 분류의 개념을 데이터 아키텍처의 영역으로 가져와서, 업무 복잡도에 압도되지 않고 좋은 모델을 만들 수 있는 실전적 방법과 원리로서의 서브타입^{subtype}에 대해 알아보기로 하자.

서브타입은 분류의 결과로 나뉜^{sub} 유형^{type}이다. 즉, 전체와 부분을 명시적으로 구분하여 표현하는 방식이다. 어떤 것을 분류하는 이유는 대상의 본질을 분류하여 그 본연의 모습을 쉽게 이해하기 위해서다. 분명한 기준과 규칙을 가지고 복잡한 대상을 분류함으로써 그 대상을 구성하는 요소요소의 실체와 요소 사이의 미묘한 동질성이나 차이점 등을 이해할 수 있게 되는 것이다.

따라서 서브타입을 보면 요소 간의 차이점을 알기 쉽다. [그림 11-1]은 〈이해관계자〉를 분류하여 〈온라인회원〉과 〈공급자〉라는 서브타입을 도출한 예다. 왼쪽보다 오른쪽의 엔터티가 〈이해관계자〉라는 집합이 어떻게 구성되어 있는지 이해하기 쉽지 않은가?

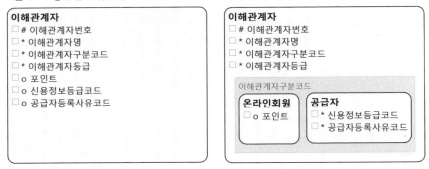

필자는 서브타입을 업무와 데이터 집합을 이해하는 도구로 활용하기 좋아한다. 모델러가 업무를 100% 이해한 상태에서 모델링을 시작하는 경우는 거의 없다. 업무를 분석하면서 데이터 집합을 이렇게도 보고 저렇게도 보면서 데이터가 어떤 종류로 구성되어 있는지 알아가는 과정의 도구로서 서브타입은 중요하다. 그래서 좋은 모델러는 데이터를 보고 전체집합과 부분집합을 잘 도출할 수 있는 분석력이 있는 사람이다. 즉, 분류를 잘할 수 있어야 한다.

[그림 11-2]는 서브타입이 잘 도출되어서 서브타입 주변의 관계도 명확히 표현된 좋은 논리 모델이다.

그림 11-2 서브타입을 포함한 엔터티와 주변 엔터티

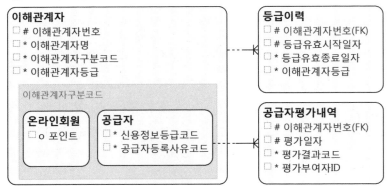

이 모델을 보면 〈이해관계자〉가 〈온라인회원〉과 〈공급자〉로 구성되어 있음을 알수 있다. 그리고 슈퍼타입(전체집합)에 그어진 관계선을 통해 〈온라인회원〉과 〈공급자〉 모두는 〈등급이력〉이 관리됨도 알 수 있다. 동시에 포인트는 〈온라인회원〉에게만 발급되며 〈공급자〉는 별도의 신용 정보와 평가 내역을 관리하는 것도 쉽게 파악할 수 있다. 물론 서브타입들의 공통 속성과 고유 속성도 명확하다.

데이터 모델이 상세화되어 있다는 것은 바로 이런 것이다. 이 모델은 오프라인 회원은 이해관계자로 관리하지 않는다는 업무 규칙을 명시적으로 담고 있다. 이렇게 모델에 서브타입이 명확하게 보여 업무를 입체적으로 조망할 수 있는 것, 이것이 바로 논리 데이터 모델이다.

하지만 어차피 테이블로 만들 때 하나로 통합RollUp하거나 서브타입별로 쪼개서 개별 테이블로 생성RollDown할 건데 굳이 이렇게 해야 하느냐고 반문할 지도 모르겠다. 앞서 논리 데이터 모델은 테이블 수준이 아닌 인간이 이해하기 적합한 수준으로 데이터를 관리하고 보는 뷰라고 했다. 이러한 이해를 바탕으로 다음 모델들을 살펴보자.

그림 11-3 슈퍼타입 없이 독립적으로 존재하는 경우

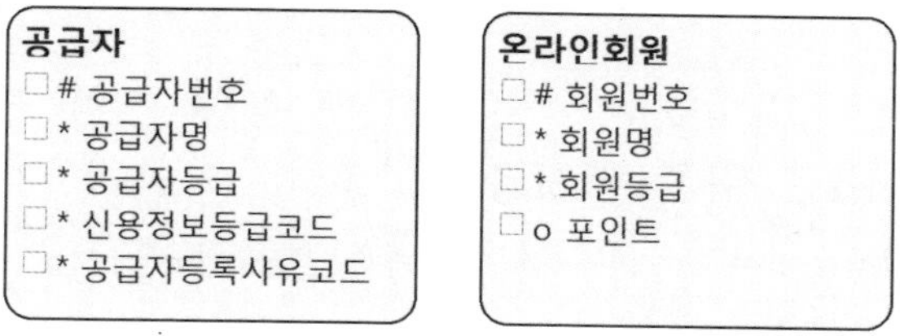

공급자	온라인회원
□ # 공급자번호	□ # 회원번호
□ * 공급자명	□ * 회원명
□ * 공급자등급	□ * 회원등급
□ * 신용정보등급코드	□ o 포인트
□ * 공급자등록사유코드	

[그림 11-3]은 업무 행위의 주체가 〈온라인회원〉과 〈공급자〉라는 두 형태가 있음을 추측할 수 있게 해준다. 하지만 확신할 수는 없다. 데이터의 동질성을 확신하게 해주는 묶음이 없기 때문이다. 그에 반해 [그림 11-2]에서는 〈온라인회원〉과 〈공급자〉가 명확하게 〈이해관계자〉의 부분집합으로 존재하므로, 업무 행위의 주체가 명확히 두 종류임을 확신할 수 있는 것이다. 게다가 이해관계자 역할의 엔터티가 다른 주제 영역subject area에도 존재한다면 그 엔터티의 존재를 인지하기가 더 어려울 것이다. 이것은 단순히 쉽다·어렵다의 논점처럼 보일 수도 있으나, 사실 굉장히 중요한

문제다. 그림 한 장으로 전체와 부분을 식별할 수 있고, 거버넌스에 꼭 필요한 영향도를 분석할 수 있느냐 그렇지 못하냐는 천양지차다.

마지막 형태인 [그림 11-4]에서는 엔터티만으로는 〈이해관계자〉의 유형이 무엇무엇인지 알 수 없다. 전체집합(이해관계자)과 연결된 관계선만으로 〈이해관계자〉전체가 등급 이력 관리 대상인지 아니면 〈이해관계자〉 중 특정인만 대상인지 가늠할수 없다.

그림 11-4 서브타입 없이 속성만으로 표현한 경우

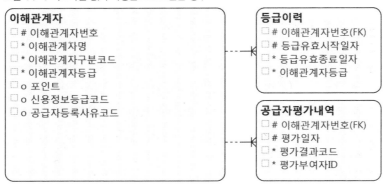

이 모델을 통해 정확한 업무 규칙을 알아내기란 거의 불가능해 보인다. 〈이해관계자구분코드〉 속성에 대한 설명을 들어야 명확히 알 수 있을 것이다. 게다가 속성 간에도 종속성이 있어 보이는데, 이 역시 파악하기 쉽지 않다. 이 예는 단순한 경우지만, 실제 개발·운영 현장에서는 속성만 100개가 넘는 엔터티가 수두룩하다. 이렇게속성만 잔뜩 나열된 엔터티는 가독성이 현저히 떨어져서 엔터티 하나를 해석하는 것조차 쉽지 않다.

전체집합에서 부분집합을 찾아 표현하는 것, 부분 간의 차이점을 명확히 인식해서전체의 성격을 파악하는 것, 이는 마치 하향식Top-Down과 상향식Bottom-Up이 만나는것과 같지 않은가?

서브타입과 E-R 패턴

이번 절에서는 서브타입을 중심으로 집합을 나누거나 묶어보며 E-R 패턴[2]이라는 5가지 데이터 모델의 유형을 확인해보려 한다.

RDB에서의 'R'은 Relationship릴레이션십이 아닌 Relation릴레이션의 R이다. Relation은 1970년 코드E.F. Codd 박사가 발표한 "A Relational Model of Data for Large Shared Data Banks"라는 논문에서 소개한 주제로, 앞서 설명하였듯 '데이터를 2차원 표 구조로 표현하고 관리한다'고 말할 때의 바로 그 표에 해당하는 개념이다. 필자의 지인뿐 아니라 데이터베이스 서적과 여러 칼럼에서도 관계형 데이터베이스를 종종 잘못 해석하곤 하는데, 관계형 데이터베이스라고 하면 통상 기본 키-외래 키의 참조 **관계**를 연상하기 때문일 것이다. 우리가 통상 관계로 이해하고 있는 것은 relationship이고 코드 박사가 정의한 relation은 데이터 집합으로서의 2차원 표 구조를 말한다. 이 둘은 서로 다른 개념인데, Relational Database를 우리말로 번역하면서 관계형 데이터베이스라고 무리하게 옮긴 것 같다.

RDB 이론에서는 [그림 11-5]와 같이 속성의 집합을 튜플tuple이라 하고, 튜플의 집합을 관계relation라고 정의한다. 즉, RDB는 relation의 집합으로 구성되기 때문에 RDB라는 이름을 갖게 된 것이다.[3]

그림 11-5 RDB 이론에서의 속성, 튜플, 관계(릴레이션)

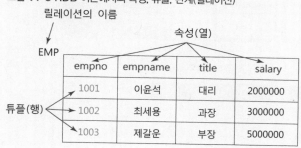

이제부터 데이터 집합을 값의 범주를 기준으로 나누어볼 텐데, 먼저 집합의 배타적 분류부터 시작해보자. 직원의 직급이 부장, 과장, 사원의 3가지 유형만 존재한다고 가정하자. 논리적으로 직원이 부장이면서 과장이거나, 과장이면서 사원인 경우는

---

2 E-R 패턴의 E와 R은 엔터티(Entity)와 엔터티들 사이의 관계(Relationship)로, ERD에서의 그것과 동일하다.
3 이런 이유로 필자는 관계형 데이터베이스 대신에 릴레이션형 데이터베이스라고 부르기도 하는데, 이 역시 썩 자연스럽게 입에 붙지는 않는 것 같다.

존재할 수 없으니 값의 범위는 배타적으로 정의할 수 있다. 이를 서브타입과 E-R 패턴으로 표현하면 [그림 11-6]과 같다.

그림 11-6 E-R 패턴 #1 – 집합의 배타적 나눔

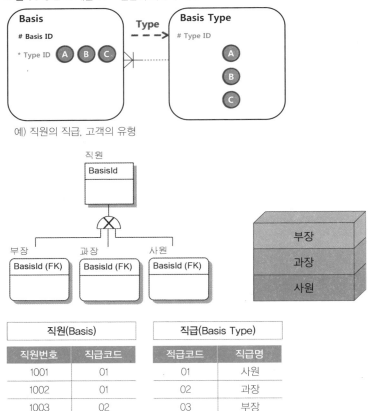

예) 직원의 직급, 고객의 유형

직원(Basis)	
직원번호	직급코드
1001	01
1002	01
1003	02
1004	03

직급(Basis Type)	
직급코드	직급명
01	사원
02	과장
03	부장

그림에서 알 수 있듯 직원의 직급과 같이 코드 형태로 표현되는 속성은 서브타입이다. 통상 엔터티의 속성 중에는 코드 속성이 30% 이상이다. 이는 하나의 집합을 보는 관점이 그만큼 다양할 수 있음을 의미한다. 그 관점은 분류 기준이 되고, 자연히 그로 인한 부분집합이 존재하게 된다. 그림의 〈Basis〉 집합에는 A, B, C의 3가지 배타적인 속성값 유형이 존재하며, 이를 기준으로 집합을 나눌 수 있다. 이를 모델로 표현하면 유형이 기준 정보처럼 별도로 분리된다. 다시 말해 유형이 디멘션(차원)처럼 상위

집합으로 올라가며, Basis는 이 유형에 의해 구분되는 하위 집합이 된다. 이것이 E-R 패턴의 첫 번째 유형으로, 값의 범위에 대한 집합의 배타적exclusive 나눔이라고 정의하자.

집합의 배타적 나눔과 관련된 사례를 더 살펴보자. 예를 들어 앞의 직급 구분에서 부장을 보직 간부와 비보직 간부로 다시 나눌 수 있다면 어떤 구조를 고려해야 할까? 이런 경우 [그림 11-7]과 같이 잘못 표현하는 사례를 의외로 자주 볼 수 있다.

그림 11-7 보직 간부와 비보직 간부를 잘못 표현한 예

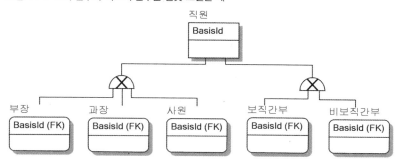

[그림 11-7]은 직급과 보직이라는 서로 완전히 다른 차원의 만남을 그린 것이다. 직급 유형인 〈부장〉, 〈과장〉, 〈사원〉은 동일 차원에 존재하며 서로 배타적이다. 그러나 직급과 보직은 서로 다른 차원이기 때문에 중복될 수 있다. 모델만 본다면 〈부장〉이면서 〈비보직간부〉이거나 〈과장〉이면서 〈보직간부〉인 사람이 존재할 수 있다는 것이다. 따라서 이 모델은 업무를 잘못 표현하였다. 만약 부장 직급에 종속된 개념으로 보직과 비보직을 나누는 의미라면 반드시 [그림 11-8]처럼 그려야 한다.

배타적이라는 말은 동일 차원에서 분할했을 때 분할된 상호 간에 중복이 발생하지 않는 상태를 의미한다. 하지만 예를 들어 성별과 결혼 여부는 서로 다른 차원이니 남자이면서 기혼인 경우는 당연히 존재할 수 있다. 같은 맥락으로 [그림 11-7]에서는 〈사원〉 서브타입과 〈보직간부〉 서브타입이 배타적이 아니라서 잘못된 모델이 되는 것이다. 요약하면 데이터 모델링에서 말하는 배타성은 같은 차원에서만 고려 대상이며, 서로 차원이 다르면 이러한 배타성을 따질 수 없다는 것이다.

그림 11-8 보직 간부와 비보직 간부를 올바로 표현한 예

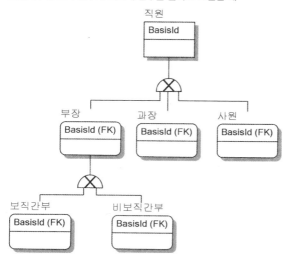

[그림 11-9]는 집합의 배타적 나눔에 대한 이해를 돕고자 준비한 다른 사례들이다.

그림 11-9 배타적 나눔의 예

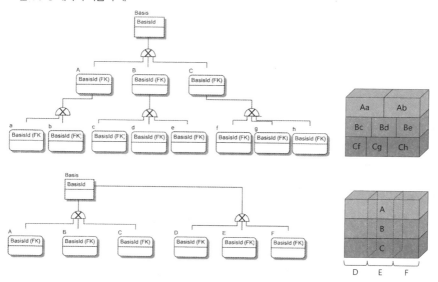

이제부터는 집합의 중첩^{비배타적, inclusive} 나눔에 의해 만들어지는 두 번째 E-R 패턴을 살펴보기로 하자.

직급과는 달리, 역할에 따라 분류해보면 나뉜 집합 간에 중첩이 생기는 것을 확인할 수 있다. 예를 들어 프로젝트 이해관계자의 역할을 PM, PL, 설계/개발자로 간단히 나눌 경우 PL 중 설계/개발을 함께 수행하는 인력을 왕왕 찾아볼 수 있다. 이러한 분류 데이터를 담으려면 [그림 11-10]과 같은 구조로 표현해야 한다.

그림 11-10 E-R 패턴 #2 – 집합의 중첩 나눔

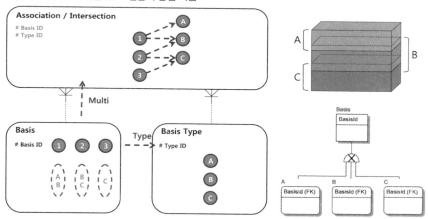

예) 사원의 직군(겸직 가능), 카드의 상태(사용중, 정지, 폐기 등)

직원(Basis)		직원 역할(Association)		역할(Basis Type)	
직원번호	**직급코드**	**직원번호**	**역할코드**	**역할코드**	**역할명**
1001	01	1001	A	A	PM
1002	01	1001	B	B	PL
1003	02	1002	B	C	설계/개발자
		1002	C		
		1003	C		

[그림 11-10]에서 〈Basis〉의 1001번 직원은 A와 B, 1002번 직원은 B와 C, 1003번 직원은 C라는 역할을 맡고 있다고 하자. 이를 범주 관점으로 이해하면 해당 역할들로 직원 개체가 분류된다고 할 수 있다. 앞서 설명했듯이 유형(Basis Type)이 기준 정보처럼 별도로 분리되어 상위 집합으로 올라갔다. 〈Basis〉 입장에서는 다중값이 마치 1정규화하듯 〈Association〉 집합으로 분리되었다.

세 번째 E-R 패턴은 특정 속성이 여러 개의 값을 가질 때, 그 속성을 분리하여 하위 엔터티로 분리하여 관리하는 형태다. 즉, 1정규화의 결과물에 해당한다. 릴레이션의 한 속성에 명확히 하나의 값만 관리되면 물론 1정규형에 해당한다. 그런데 물리적으로는 한 속성에 하나의 값만 관리하지만 논리적으로는 같은 성격의 데이터를 여러 속성으로 관리하는 경우, 예를 들어 자격증명1, 자격증명2, ..., 자격증명N과 같이 반복 형태의 속성이 존재하는 경우, 역시 E-R 패턴 #3과 같은 형태로 분류해야 한다. 다중값 관리를 위해 분리된 엔터티의 주 식별자는 부모 엔터티로부터 상속받은 식별자에 일련번호를 추가한 형태가 일반적이다(그림 11-11).

그림 11-11 E-R 패턴 #3 – 배열 형태(컬럼의 중복)의 값을 갖는다.

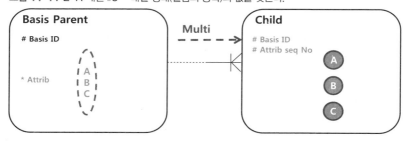

예) 고객의 주소, 사원의 자격증

직원(Parent)	
직원번호	직급코드
1001	01
1002	01
1003	02
1004	03

직원보유자격증(Child)		
직원번호	일련번호	자격증명
1001	1	OCP
1002	1	SCJP
1002	2	SCBCD
1004	1	CISSP

네 번째 E-R 패턴은 값에 상·하위 관계, 즉 계층이 존재하는 형태다. 대표적인 것이 직원의 소속 부서 정보다. 이 경우 부서 정보 값을 인스턴스로 관리하는 〈부서〉 엔터티를 분리하여 상위로 두고, 〈부서〉의 계층구조를 표현할 수 있도록 순환recursive 관계를 설정한다(그림 11-12).

그림 11-12 E-R 패턴 #4 – 계층적 형태의 값을 갖는다.

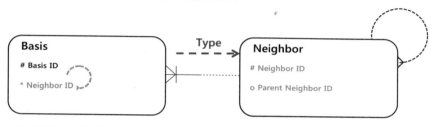

예) 사원의 소속부서(조직)

직원(Parent)	
직원번호	부서번호
1001	100
1002	102
1003	102
1004	103

부서(Neighbor)		
부서번호	부서명	상위부서번호
100	경영관리부	10
101	인사팀	100
102	법무팀	100
103	홍보팀	100

마지막으로 살펴볼 다섯 번째 E-R 패턴은 속성값에 양방향 관계가 존재하는 경우다. 여기서 양방향을 풀면 [그림 11–13]처럼 기준(Parent)과 대상(Child)의 2개의 관계relationship가 있는 모델로 표현되어, 결국 값이 롤업rollup된 형태의 모델이 된다.

그림 11-13 E-R 패턴 #5 – 롤업 형태의 값을 갖는다.

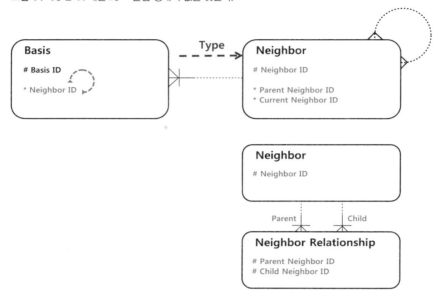

예) 고객 간의 관계, 부품 BOM 구조

이해관계자(Neighbor)		
이해관계자ID	이해관계자명	이해관계자 구분코드
101	홍길동	개인
102	삼성전자	조직
103	상성전자 수원사업장	조직
104	이순신	개인

이해관계자관계(Neighbor Relationship)		
기준이해관계자 ID	대상이해관계자 ID	관계코드
102	101	조직-개인
102	103	조직-조직 (대표법인-사업장)

지금까지 값을 중심으로 상향식으로 접근해서 엔터티와 관계의 패턴에 대해 설명했다.

끝으로 하나의 엔터티에 서브타입셋(관점, 차원)이 2개 이상인 경우 서브타입을 어떻게 바라보아야 하는지 정리해보자.

[그림 11-14]의 〈고객〉 엔터티에는 〈국내거주여부〉와 〈온라인여부〉라는 두 서브타입셋이 공존한다. 혹자는 이처럼 여러 개의 서브타입이 존재하는 모델은 잘못된 것이라고 주장하기도 한다. 슈퍼타입인 〈고객〉에 서브타입인 〈국내거주여부〉를 합치면 전체 속성이 되므로 다른 서브타입인 〈온라인여부〉에 속할 속성은 없게 된다는 것이다. 그래서 하나의 주요 관점으로 묶어 [그림 11-15]처럼 표현하는 것이 맞으며, 서브타입은 반드시 엔터티여야 한다고 말한다.

그림 11-14 두 개의 서브타입셋이 공존

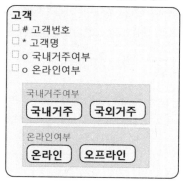

그림 11-15 하나의 주요 관점으로 묶은 모습

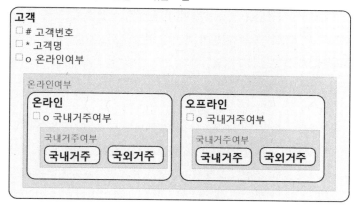

그런데 이와 같은 관점은 다음과 같은 이유로 바람직하지 못하다.

1. [그림 11-14]와 [그림 11-15]는 표현하는 비즈니스가 다르다. [그림 11-14]에서 〈온라인여부〉와 〈국내거주정보〉는 〈고객〉 집합을 바라보는 다른 창일 뿐, 동격의 같은 차원이다. 반면 [그림 11-15]는 상위의 〈온라인여부〉에 종속된 하위의 〈국내거주여부〉를 형상화한 것이다. 두 모델은 완전히 다르다.

2. 데이터 모델링은 논리적인 측면에서 검토되어야 한다. 모델링은 물리적인 요소를 과감히 제거하고 오직 논리적인 측면에서 수행한 후, 이를 상세화하면서 다양한 물리적 요건이 나타나게 되면 필요에 따라 통합 혹은 분리할 수 있다.

3. 서브타입은 엔터티도 속성도 아니며, 단지 업무 요건을 설계에 반영할 때 통합 관점에서 효과적으로 표현할 수 있는 방법일 뿐이다. 즉, 서브타입은 분류의 한 관점이다.

즉, 서브타입에 (주요 속성이 아닌) 상세 속성을 배치해야 할 시점에 다른 관점 (서브타입셋)과 영향을 검토하여 모델에 반영하면 되는 것이다. 이는 마치 데이터를 이해하는 과정의 도구로서, 정규화를 모두 수행한 후 현실적 상황을 감안하여 일부 반정규화를 수행하듯, 두 모델은 모두 나름의 존재 의미가 있다. 최종적으로 [그림 11-15]처럼 하나의 서브타입셋으로 분리되더라도, 먼저 주요한 관점을 찾아 데이터 집합을 [그림 11-14]처럼 분류해보는 것이 중요하다.

어차피 하나의 테이블로 통합할 것이라면 굳이 이렇게 서브타입을 지정하며 통합된 형태로 표현할 이유가 있냐고 생각하는 독자도 있을지 모르겠다. 통합이라는 것이 섞는다는 의미로 느껴져서, 결국 집합이 모호해지고 본질이 흐려지는 것처럼 생각될 수도 있다. 그러나 통합이 필요한 이유는 동일한 체계를 가질 필요가 있고, 동일한 형태의 처리가 발생하기 때문이다. 즉, 공통으로 사용할 속성들은 통합 엔터티에 두고, 자신만이 가지는 고유 속성들을 모아서 별도의 엔터티에 분리하여 유연성과 확장성을 얻을 수 있다. 이는 마치 중앙정부와 지방자치단체의 관계와 유사하다.

물론 무리한 일반화와 통합으로 집합이 모호해지고 개체들의 본질이 희석될 수도 있다. 이런 경우에는 집합의 동질성과 통합의 적절성에 대한 재검토가 필요하며, 주제와 성격이 동질한 범위에서 적절하게 통합되었다면 각 개체 유형이 섞이지 않도록 적절한 구분(서브타입)을 지정하면 된다. 집합을 일반화하여 대상을 확장할 수 있게 해두고 구분자를 통해 정의하는 방식은 동질성에 저촉되지 않는다면 얼마든지 기존 체계를 준수하면서 새로운 집합을 추가할 수 있음을 의미한다. 그럼에도 불구하고 현장에서는 유사한 성격의 독립적인 개별 엔터티를 나열하는 것에 익숙하다. 쪼개고 분리하면 집합의 독립성과 구체성이 높아져서 나름의 이익이 있을 수도 있으나, 이는 일반적으로 바람직하지 않다. 통합과 분리에 대해서는 별도의 스토리에서 좀 더 구체적으로 다루도록 하겠다.

적절한 분리가 필요할 때도 많은 법!

지금까지 집합에는 다양한 유형의 개체가 존재하며, 이를 그만큼 다양한 관점으로 볼 수 있어야 한다는 점에 주목했다. 이와 더불어 데이터 모델에서 집합의 색깔을 규정하는 핵심 개체 유형들을 서브타입을 통해 구체적으로 정의해보았다. 이제 마지막으로 서브타입으로 상세화된 집합을 테이블로 전환하는 기준에 대해 고민해보면 될 것이다.

서브타입의 구현은 테이블의 용량과 트랜잭션의 발생 유형으로 구분하여 크게 [그림 11-16]과 같이 3가지 형태로 물리 설계가 된다.

그림 11-16 서브타입으로 상세화된 집합을 테이블로 전환하는 세 가지 기준

테이블의 용량이 작은 경우에는 혼합 구성이 유연성 측면에서 유리하며, 대용량 데이터를 담아야 한다면 다음 기준에 따라 구성하면 된다.

1. 트랜잭션이 슈퍼타입과 서브타입에서 개별적으로 발생 → 혼합(통합도 무방)

2. 트랜잭션이 서브타입별로 발생 → 분리

3. 트랜잭션이 슈퍼타입과 서브타입 전체를 대상으로 발생 → 통합

Story 12

데이터 집합의 분리, 확장, 통합은 공학을 넘어 예술에 가깝다

집합의 통합과 분리에 대한 기초적 이해

데이터 집합 내의 개체^{row}를 구분하고 유형화하는 도구로서 서브타입에 대해 살펴보면서 집합의 통합과 분리라는 용어를 본격적으로 언급하기 시작했다. 이번 스토리에서는 데이터 모델링을 '종합적인 통찰이 필요한 전문 기술 영역'이라고 말할 수 있는 근거인 데이터 집합의 통합과 분리 기준에 대해 알아보기로 하자.

주변에서 흔히 볼 수 있는 개별 구체적 집합으로 분리된 엔터티들을 통해 집합의 통합과 분리에 대한 기본적인 이해를 도우려 한다. [그림 12-1]은 실제 업무에서 작성된 모델을 데이터 아키텍트$^{Data\ Architect}$(DA)가 검증 후 정제하도록 가이드한 사례다.[1]

---

1 속성 수준에서 상세히 볼 필요는 없으며 엔터티와 관계선에 집중하길 바란다.

그림 12-1 데이터의 성격, 정체성, 주제가 동일하지만 별도 엔터티로 분리된 모델

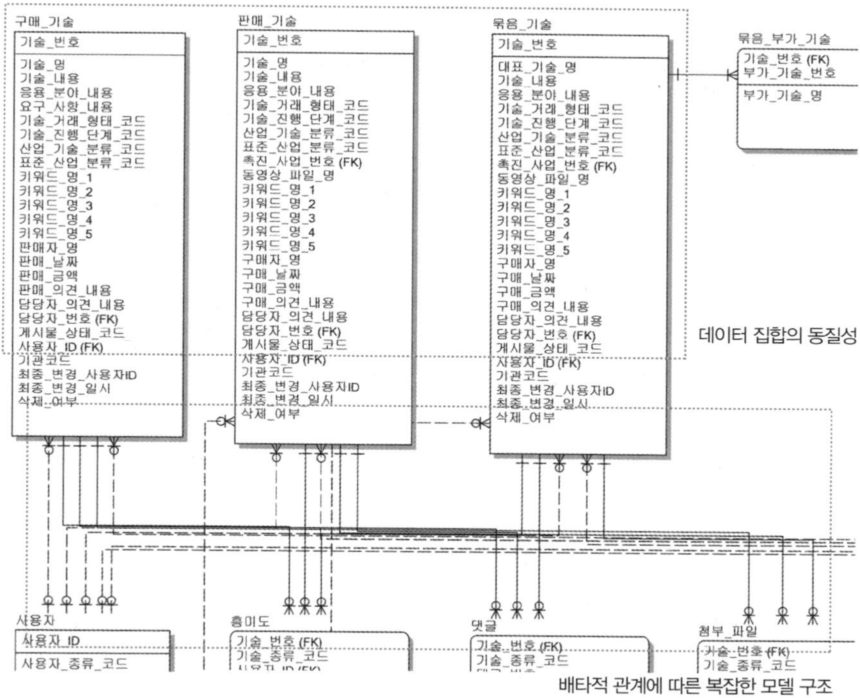

이 사례는 기업 간 기술 인수 혹은 이전을 위한 거래 정보를 대시보드 형태로 관리하는 모델이다. 거래할 기술을 등록하여 수요 기업과 공급 기업이 정보를 공유하기 위함인데, 구조를 살펴보면 엔터티 사이에 배타적 관계가 존재함을 쉽게 확인할 수 있다.

배타exclusive 관계는 하나의 엔터티가 두 개 이상의 상위(부모) 엔터티와 관계를 가지며, 그 관계가 상호 배타적일 때를 말한다. 하위(자식) 엔터티의 각 인스턴스는 여러 상위 엔터티 중 하나와 관계를 가지며, [그림 12-1]의 모델에서는 〈흥미도〉, 〈댓글〉, 〈첨부_파일〉 등과 〈구매_기술〉, 〈판매_기술〉, 〈묶음_기술〉 등의 관계가 배타적 관계에 해당한다.

〈흥미도〉 엔터티를 중심으로 모델을 단순화해보자(그림 12-2). 〈흥미도〉 엔터티의 인스턴스 하나는 〈구매_기술〉, 〈판매_기술〉, 〈묶음_기술〉 중 하나의 엔터티와 관계가 존재하는 배타적 관계에 있다.[2]

그림 12-2 흥미도 중심으로 단순화한 모델

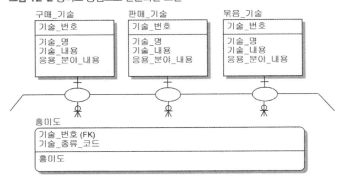

〈댓글〉과 〈첨부_파일〉 역시 기술 관련 엔터티들과 배타적 관계에 있으므로 [그림 12-1]의 ERD에서 관계선이 굉장히 복잡하게 그려진 것이다. 배타 관계는 모델의 구조를 복잡하게 만들고, 복잡한 조인이 발생하게 하는 등 일반적으로 바람직하지 않다. 통상적으로 배타 관계 데이터 모델은 개발 시 배타 관계의 조인 문제 때문에 매우 나쁜 결과를 초래할 가능성이 높으니 주의해서 사용해야 한다. [그림 12-1]을 기준으로 작성한 다음의 SQL문은 배타 관계를 구현하기 위해 외부 조인outer join이 사용되었다.

```
SELECT ~~
FROM    댓글 x, 구매_기술 a, 판매_기술 b, 묶음_기술 c
WHERE a.기술_번호(+) = decode(x.기술_종류_코드,'1',x.기술_번호)
  and b.기술_번호(+) = decode(x.기술_종류_코드,'2',x.기술_번호)
  and c.기술_번호(+) = decode(x.기술_종류_코드,'3',x.기술_번호)
  and x.내용 LIKE :keyword || '%';
```

---

2 안타깝게도 ERWin에서는 배타적 관계 모델링을 지원하지 않는다.

중첩된 루프Nested Loop (NL) 조인은 그 특성상 외부 조인을 할 때 방향이 한쪽으로 고정되며, 외부 조인 기호(+)가 붙지 않은 테이블이 항상 드라이빙 테이블로 선택된다.[3] 즉, 인덱스가 있어도 드라이빙 테이블이 아니므로 무용지물이 되어, 전체 테이블 스캔full table scan으로 실행 계획이 풀려 엄청난 성능 저하를 가져올 수 있다. 이런 이유로 외부 조인이 사용되는 경우에는 세심한 주의가 필요하며, 될 수 있으면 사용하지 않는 것이 좋다.

앞의 SQL 문에서 외부 조인을 제거하기 위해 아래와 같이 UNION ALL로도 분할할 수 있다.

```
SELECT ~
FROM   댓글 x, 구매_기술 y
WHERE x.기술_종류_코드 = '1' AND x.기술_번호 = y.기술_번호
   and x.내용 LIKE :keyword || '%'
UNION ALL
SELECT ~
FROM   댓글 x, 판매_기술 y
WHERE x.기술_종류_코드 = '2' AND x.기술_번호 = y.기술_번호
   and x.내용 LIKE :keyword || '%'
UNION ALL
SELECT ~
FROM   댓글 x, 묶음_기술 y
WHERE x.기술_종류_코드 = '3' AND x.기술_번호 = y.기술_번호
   and x.내용 LIKE :keyword || '%';
```

이 형태는 코딩량이 늘어나 SQL 파싱 부하 증가는 물론이며, 인덱스 구성에 따라 처리 주관 범위가 반복 수행되는 등 여전히 성능 이슈가 존재한다. 이처럼 단점이 많은 배타 관계 모델로 설계된 원인은 무엇일까? 기술 관련 엔터티들이 데이터의 성격이 유사한, 본질적으로 동질인 집합임에도 불구하고 개별 엔터티로 분할되었기 때문이다.

---

3 리딩(leading) 힌트를 이용해서 순서를 바꿔보려 해도 소용없다.

데이터 모델링은 단순하고 명확한 관계를 가지도록 하는 것이 바람직하다. 이를 위해서는 유사한 엔터티를 가능한 한 통합하는 것이 유리하다. 데이터의 성격이 유사한 엔터티가 분할되어 있으면 특정 트랜잭션 처리는 약간 단순해질지 모르지만, 앞서 언급했듯이 매우 많은 엔터티를 복잡하게 연결해야 하는 경우가 훨씬 많다. 앞의 모델은 데이터의 정체성이 본질적으로 유사한 기술 관련 엔터티들을 [그림 12-3] 처럼 통합하는 것이 유리하다. 이처럼 동질성이 확보되면 집합은 가능한 한 통합하는 것이 좋다. 엔터티가 계층구조상 상위 엔터티일 경우에는 더욱 그러하다.

그림 **12-3** 데이터 성격이 동질한 집합은 통합하는 것이 좋다.

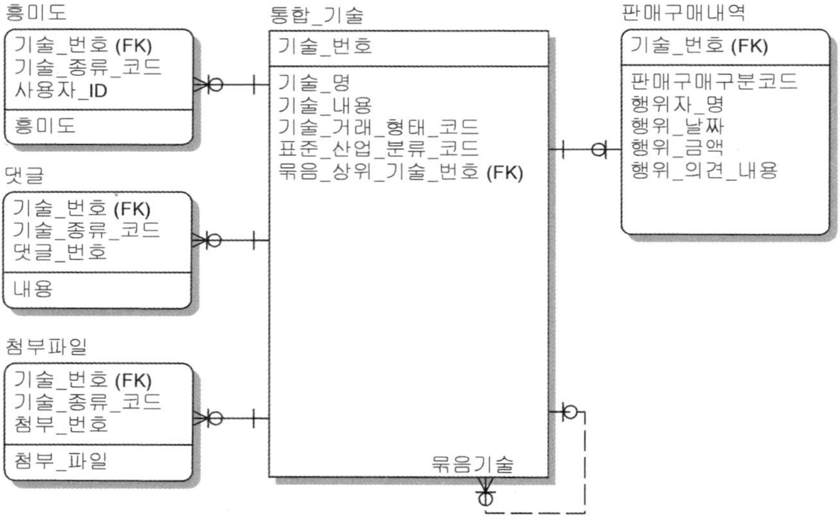

사실 〈구매_기술〉, 〈판매_기술〉, 〈묶음_기술〉 엔터티의 속성이 90% 이상 동일하다는 것, 배타적 관계가 존재한다는 것은 이들 엔터티가 본질적으로 동질한 집합임을 반증하는 것이기도 하다. 통합된 모델에 맞게 앞의 SQL을 다시 작성해보면 다음과 같이 단순해진다.

```
SELECT ~
FROM   댓글 x, 통합_기술 y
WHERE x.기술_번호 = y.기술_번호
   and x.내용 LIKE :keyword || '%'
```

이처럼 동질의 엔터티를 통합함으로써 다음과 같은 장점을 얻을 수 있다.

- 데이터 모델의 구조가 단순하고 명확해진다.

- SQL이 단순해지고 코딩량이 줄어 개발 생산성이 좋아진다.

- 조인이 최소화되어 성능 이슈도 없어진다.

- 통합되지 않은 모델과 비교해서 요건 변경에 따른 유연성이 극대화된다.

엔터티 통합과 레이블 통합

엔터티 내부를 들여다보며 서브타입은 엔터티가 어떠한 개체 유형들의 집합인지 상세히 규명하는 도구로 활용될 수 있음을 확인했다. 서브타입에 대해 고민하다 보면 통합의 결과로서 서브타입을 포함한 큰 집합이 만들어지는 것인지, 아니면 집합을 분할하기 위해 서브타입을 기준으로 분리해야 하는 건지 모호할 때가 있다. 마치 닭이 먼저냐 달걀이 먼저냐의 문제처럼 말이다. 집합의 통합과 분리를 얘기하려면 앞서 언급한 논리 모델과 물리 모델의 경계, 그리고 엔터티 통합과 테이블 통합을 구체적인 기준을 가지고 구분해야 한다. 먼저 논리 모델과 물리 모델을 통합과 분리라는 관점에서 다시 한 번 살펴보도록 하자.

테이블, 파티셔닝 수준의 물리 모델링 단계에서 반드시 관통해야 하는 것이 논리 모델의 수정이다. 논리 모델은 업무에서 어떤 데이터가 어떻게 발생하고 존재하는지 인간이 이해하기 좋은 수준으로 분류하거나 묶은 형태다. 다시 말해 현실 업무의 모습을 정형화하여 박스와 관계선으로 표현하며, 설계자와 사용자 등의 이해관계자가 쉽게 이해할 수 있도록 하는 데 그 목적이 있다. 따라서 논리 모델을 끝까지 그대로 유지하려고 해서는 안 된다. 논리 모델은 DBMS나 이를 운용하는 하드웨어를 위한 것이 아니기 때문이다.

반면 물리 모델은 말 그대로 물리적 요소인 하드웨어가 최고의 성능을 발휘하도록 만들어야 한다. 간단한 게시판 예제를 살펴보면서 이상의 설명을 구체적으로 이해해 보자.

[그림 12-4]의 왼쪽은 〈게시물〉 집합을 정의하고 그 하위 요소로 〈첨부파일〉을 별개의 집합으로 정의하고 관계로 관리하는 모델이다.[4] 이처럼 둘을 분리하여 표현하는 것이 개별 정보가 발생하는 시점이나 데이터 집합의 의미 차이를 **인간이** 이해하는데 도움이 된다.

그림 12-4 게시판 모델 – 분리한 형태(왼쪽)와 통합한 형태(오른쪽)

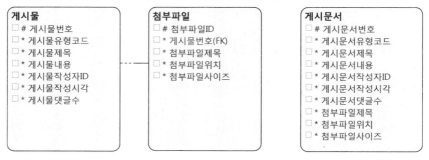

하지만 물리 모델링에서는 이러한 관점들을 통합하는 등 논리 모델에 칼을 대는 작업이 수반된다. 힘들게 도출하여 정의하고 분리하고 유형화한 개체들을 다시 모으는 작업이 이해되지 않을 수도 있다. '차라리 처음부터 통합하지'라고 생각하면서 말이다. 모델링은 점진적으로 상세히 그려가는 과정이다. 논리 모델은 정규화 이론에 기반하여 데이터 무결성을 극한까지 보장해준다. 반면 물리 모델은 무결성과 정합성을 깨는 것을 최소화하면서 성능 위주로 최적화하는 데 목표가 있다. 둘의 목적과 뷰는 유사한 듯 다르다.

업무에서의 활용 유형, 다시 말해 데이터의 접근 패턴access pattern을 봤을 때 〈게시물〉과 〈첨부파일〉이 하나의 뷰로 자주 조회된다면 [그림 12-4] 오른쪽의 〈게시문서〉와 같이 한 테이블로 통합하는 것이 일반적으로 유리하다. 지금과 같은 1:1 관계의 엔터티들은 물리 단계에서 통상 통합된다. 테이블의 볼륨이 작은 편이라면 통합하는 쪽이 더 효율적일 수 있다.

----

4 파일 첨부는 게시물 당 1개만 가능하다.

현장에서 논리 모델과 물리 모델이 거의 같다는 건
테이블 만들기에 급급하다는 방증이다. 실질적인
논리 모델이 부재하고 ERD가 업무를 설명하는 설계도
역할을 못하니, 악순환이라고 할까...

　지금까지의 설명을 통해 논리 모델과 물리 모델에 대한 이해도를 높였다면, 이를 좀 더 확장하여 엔터티 통합과 테이블 통합을 구분해보기로 하자. 무엇을 어떻게 통합해야 하는지, 데이터 모델을 어느 수준까지 통합하거나 분리해야 하는지 명확하게 정의하기는 쉽지 않다. 이에 대한 구체적인 고민과 해결책을 다루기 위해서는 먼저 엔터티의 통합과 테이블의 통합을 구분해야 한다.

　논리 모델에서 통합할 것인지 분리할 것인지 애매한 집합은 일단 통합하고 시작한다. 그리고 상세화하는 과정에서 분리하는 쪽이 효율적이라 판단되면 물리 모델로 넘어가기 전이라도 분리를 하고, 그렇지 않다면 통합된 상태로 두면 된다. 그런데 정규화라는 것이 결국 함수 종속성에 기반하여 집합을 분리하는 것이라고 볼 수 있으니, 앞서 설명한 것이 정규화에 배치된다고 생각할 수도 있을 것이다. 하지만 그렇지 않다. 뷰가 다른 것이다. 여기서 말하는 통합은, 예를 들어 법인 고객이라는 집합이 있다면 집합의 범위를 확장해서 통합 고객으로 관리하는, 즉 개인 고객까지 동질성을 확대한 집합으로서의 고객을 관리한다는 식의 접근이다.

통합과 분할의 일차적 기준은 데이터의 성격이어야 한다. 데이터가 비즈니스적으로 말하고자 하는 주제, 데이터의 정체성, 본질을 기준으로 하되 상위 엔터티들, 즉 업무 행위의 주체와 대상, 그리고 업무 행위의 최상위에 놓이는 Account 등이 1차 타깃이다. 다시 말해 마스터 데이터들은 유사하다는 기준을 다소 관대하게 적용해서 강하게 통합해도 괜찮다. 단, 통합된 것들의 독립성을 유지하기 위해 서브타입을 명확히 표현해야 한다.

이처럼 계층적인 데이터 모델의 최상위 엔터티들을 통합하는 이유는 무엇일까? 통합하지 않을 경우 [그림 12-1]처럼 모델 구조가 복잡해지고, 그에 따른 SQL 구현 난이도와 성능 이슈 등 위험요소가 많아지며, 업무 변화에도 유연하게 대응하기 어렵게 되기 때문이다. 무엇보다 상위 계층의 복잡도로 말미암아 하위 엔터티는 더더욱 복잡하고 성격 또한 불명확하게 된다.

데이터 모델링에서 주제 영역subject area이라고 흔히 부르는 것이 바로 이러한 최상위 엔터티들이 다시 추상화된 영역이라고 보면 된다. 그리고 업무 행위, 즉 트랜잭션 수준의 엔터티도 그것들의 하위 엔터티의 유사성 등을 기준으로 상위 부모 엔터티를 통합할 수 있다. 이러한 관점으로 논리 모델은 통합되어야 한다. 다만 앞서의 〈게시물〉-〈첨부파일〉 예처럼 업무 데이터를 사람이 인식하기 좋은 수준으로 분류하라는 것은 다른 관점에서 말한 것이다. 전자는 유사한 집합의 동질성을 확장하는 관점이고, 후자는 데이터 간의 종속성에 기반해서 이질적인 집합을 분리하는 정규화 관점이다.

논리 모델의 분리와 관련해서 주의할 점이 있다. 결국에는 집합을 분리하게 되리라 판단되면 일찌감치 분리해버리는 편이 바람직하다. 상위 모델의 골격이 바뀌면 하위 엔터티와 관계 등 전반적인 형태가 틀어지는 등 영향도side effect가 크기 때문이다. 통상적으로 상위 엔터티는 통합되는 것이 이익이 많으니 분리할 때는 충분한 검토가 필요하다.

이제 테이블의 통합을 생각해보자. 앞서 스토리 11에서 서브타입의 물리 모델 전환 방법에는 3가지가 있다고 했다(그림 11-16).

1. 하나의 테이블로 통합(Roll-Up)

2. 서브타입별 테이블로 분할(분리, Roll-Down)

3. 공통 속성만 통합하고 공통적이지 않은 속성은 1:1로 분할(혼합, Hacksaw)

여기에 한 가지 더 추가해서 기본 키Primary Key(PK)와 최소 속성만 통합하고 나머지(공통 속성도 포함)는 모두 분할하는 방법도 있을 수 있다. 이는 잠시 후에 살펴보게 될 것이다. 테이블의 파티셔닝을 포함해서 1:1 관계의 통합과 분리 등 데이터베이스 설계 영역의 전략적 방법론도 다양하지만, 이 책의 범위에서 벗어나므로 이 정도로 줄이기로 한다. 이어서 지금까지 설명한 내용을 이해할 수 있는 구체적인 사례들을 살펴보기로 하자.

집합 형태의 최종 결정, 공학과 미학 사이

필자는 모델링을 하면서 혹은 잘 작성된 ERD를 보면서 데이터 모델이 아름답다고 느낀 적이 몇 번 있다(물론 자주 경험할 수 있는 일은 아니다). 건조한 사무실에서 모니터 한가득 뿌려진 엔터티 박스와 관계선들을 보면서 미(美)를 체험했다는 것이 좀 아이러니하다. 하지만 그 강렬했던 순간의 기억이 평범한 직장인에서 즐거움과 전문성을 갖춘 프로 직업인으로의 가능성과 희망을 보여주고, 새로운 차원으로 발전할 수 있는 용기를 주지 않았나 싶기도 하다.

ERD는 너무나 단순한 표현 방식notation과 규칙rule만을 가지고 있다. 그렇지만 네모 박스와 관계선에 깊이 새겨져 있는 모델러의 고민과 완벽에 도달하고자 애쓴 흔적들을 발견하다 보면 모델링이라는 **일**이 소프트웨어 공학을 넘어 어떤 미학적인 지점에 닿아 있지 않나 하는 생각에 혼자 잠겨보곤 한다. 가치에 대한 누적된 경험이 미의식을 만든다. 그리고 공학은 가치를 만드는 일이라고 생각한다. 할 수 있는 모든 것을 쏟아 부어 현실 업무를 완벽하게 형상화한 모델을 보고 있노라면 마치 멋진 공연이나 아름다운 예술 작품을 보았을 때와 같은 경외감과 감동을 느끼게 된다.

모델링이 가장 인간적인, 다시 말해 오직 사람만이 분석하고 판단해서 결정할 수 있는 통찰의 영역임을 증명하는 대표적인 영역이 바로 통합과 분리다. 그럼 집합의 형태를 결정하는 데 도움이 될 만한 중요한 지침을 좀 더 살펴보기로 하자.

데이터 집합을 크게 묶어서 통으로 가져갈지, 아니면 필요에 따라 구체적인 여러 개로 나눌지 결정하는 일은 어렵다. 예를 들어 사람이라는 하나의 집합으로 관리할지, 남자/여자로 나눌지, 황인종/백인종/흑인종으로 분리할지, 그것도 아니면 남자+황인종/남자+백인종/남자+흑인종/여자+황인종/여자+백인종/여자+흑인종과 같이 개별 관점의 조합(2*3) 수만큼으로 분할할지 결정하는 것은 대단히 어렵다. 다만 집합을 어떤 형태로 분리하든 그 덩어리 집합의 정체성이 명확하기만 하다면 충분히 엔터티로 볼 수 있다. 문제는 그렇게 정의한 단위 집합이 얼마나 합리적이냐 하는 것이다. 모델링에서 이 단계가 가장 어려운 이유는 합리성이 인간의 종합적인 분석력,

사고력, 통찰력 등에 기반하기 때문이며, 이러한 분석과 통찰에는 업무 규칙, 데이터의 사용 패턴, 성능 등을 포함한 여러 환경적 요소가 복합적으로 영향을 미치기 때문이다.

집합은 구체적인 부분집합으로 분리할 수 있고, 집합의 성격을 확장해서 다른 집합과 통합할 수도 있다고 했다. 여기에 한 가지를 더해, 때에 따라서는 일부를 중복시킬 수도 있다. 물론 중복은 일반적으로 바람직하지 않으니, 특수한 목적 때문에 중복하는 것임을 명확히 인지한 경우에만 사용한다. 앞서 성격이 유사한 집합들은 적극적인 통합을 하더라도 집합의 본질에는 큰 영향을 미치지 않는다고 했다. 그에 반해, 유사하지 않은 집합을 무리하게 통합하면 집합의 정체성이 모호해지고 본질이 희석된다. 일상에서 흔히 접할 수 있는 예를 통해 집합의 형태를 구분하고 결정하는 원칙에 대해 알아보자.

새로 산 PC에 데이터 아키텍처 관련 파일들을 관리하기 위해 [그림 12-5]와 같은 폴더 구조를 만들었다고 가정하자. 그런데 진흥원 자료는 모델링과 튜닝 및 표준화 자료가 섞여 있다고 한다. 진흥원 자료는 워낙 컬러가 강해, 비록 모델링과 성능 관련 파일이라 다른 폴더에 이미 있더라도, 별도의 폴더에 두어 참조하겠다는 명확한 기준을 세웠다. 또한 데이터 표준화 관련 자료는 큰 틀에서 모델링 영역에 속한다고 보고 〈01. 모델링〉 폴더에 통합하기로 했다고 하자. 그리고 성능 관련 모델링 자료는 모델링에 우선순위를 두어 〈01. 모델링〉 폴더에만 저장하기로 했다. 즉, 성능 관점의 모델링 자료지만 〈02. 성능.튜닝〉 폴더에는 존재하지 않도록 하겠다는 선언인 셈이다. 이상과 같은 선언을 통해 폴더의 의미와 정의가 구체화되었다. 당연히 폴더에 저장될 자료들 역시 더 명확해졌다.

그림 12-5 데이터 아키텍처 관련 자료를 관리하기 위한 폴더 구조

 01. 모델링

 02. 성능.튜닝

 03. 데이터베이스진흥원자료

이는 일상에서 누구나 한 번쯤 고민해봤을 상황이며 이러한 맥락과 엔터티의 통합, 분리는 사실 크게 다르지 않다. 이제 폴더 구조에 대한 고민이 엔터티 통합, 분리, 중복의 관점에서 무엇을 시사하는지 쫓아가 보자.

인턴으로 들어온 A라는 사람 개체가 있다고 하자. 이 개체의 학력과 가족 관계 등 상세 정보는 〈인턴〉의 하위 엔터티에 다양하게 연결되어 있을 것이다. A가 인턴 생활을 끝내고 이 회사의 정식 사원이 되었다. 이때 [그림 12-6]과 같이 〈사원〉과 〈인턴〉이 개별 엔터티로 존재한다면 〈사원〉 엔터티에도 이제는 A의 정보가 존재해야 한다.[5]

그림 12-6 사원과 인턴을 개별 엔터티로 관리하는 모델

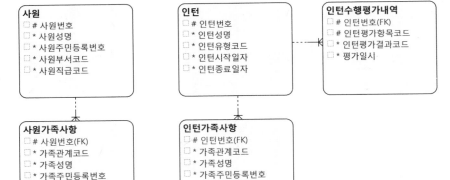

인턴에서 사원으로 신분이 바뀌긴 했지만, 어쨌든 동일한 개체임에도 불구하고 〈인턴〉과 〈사원〉 양쪽에 개별 식별자를 가지게 되므로 이 둘이 동일한 개체라는 것을 명시해주어야 한다. A가 더 이상 인턴이 아니라고 해서 〈인턴〉 엔터티에서 삭제한다면 인턴 기간에 발생한 평가 결과 등 상세 정보도 같이 삭제되고 만다. 인턴으로서의 A의 존재가 종속된 데이터이기 때문이다.

----

5 혹은 회사의 업무 규칙에 따라 〈인턴〉에 있던 기존 정보는 삭제하고 그대로 사원 쪽으로 이관되어야 할지도 모른다.

이처럼 고민스러운 상황도 두 엔터티를 **통합**하는 순간에 모두 해결된다. A라는 개체는 그대로며 변경된 신분은 서브타입 구분 속성값만 사원으로 바꾸면 된다. 이미 통합된 수준으로 관리되고 있으므로 인턴 시절에 발생한 정보도 전혀 문제 없다.[6] 물론 회사의 업무 규칙이 인턴 수행 후 대부분 정식 사원으로 채용되는 형태가 아닐 수 있다. 그렇다면 인턴과 사원이 맥락적 관계, 즉 동질성이 거의 없으므로 사원과 인턴을 분리하여 독립된 개체로 관리하는 것이 더 바람직할 수도 있다. 이처럼 통합과 분리의 절대적 기준은 존재하지 않으며 업무 규칙과 상황, 데이터 관점의 다양한 판단을 통해 결정할 수밖에 없다.

결국 통합하면 유연성이 좋아지고 구조가 단순해진다. 데이터 모델에서 유연성은 비즈니스가 변화해도 구조 변화가 최소화된다는 뜻이다. 다시 말해 기존 엔터티에 속성이 추가되거나 새로운 엔터티가 생성된다든가, 기존 관계에 변화가 생기는 일이 줄어듦을 의미한다. 비즈니스 변화가 데이터 모델이 아니라 데이터값의 변화로 나타나는 것이 모델의 유연성이다. 구조 변경이 아닌 부분집합의 증가나 행의 추가로 나타나도록 유도하는 것이다. 모델의 유연성에 대해서는 잠시 후 별도의 스토리에서 다루기로 한다.

논리 모델에서 서브타입으로 유형화해서 통합했지만, 물리 모델에서 혼합[hacksaw] 형태로 분리하면 결국 마찬가지 아니냐고 반문할지도 모르겠다. 하지만 다시 한 번 주지하면, 서브타입으로 통합했다는 것은 상위 묶음 단위가 만들어져서 유연해졌다는 의미다. 개별의 구체적 집합은 아래로 내려가고 통합된 공통집합이 위로 올라가면서, 통합된 집합이 주변의 변화에 대해 완충장치 역할을 해주는 것이다. 분리[Roll-Down] 형태로 완전히 나뉘었다면 비즈니스가 변화할 때 분리된 구체적 집합별로 추가 속성을 넣는 등의 복잡하고 배타적인 관계가 발생할 수밖에 없다. 하지만 상위 묶음 단위가 존재하면 상위 묶음과만 관계하면 되는 것이다. 개발팀이 설계팀과 협의가 필요할 때 설계팀의 대표인 팀장하고 이야기하면 되는 것과 같은 맥락으로 이해하면 된다.

....

6 여기서 통합된 수준이라 해서 반드시 물리적으로 통합된 하나의 테이블이라는 의미는 아니다. 논리적인 묶음 단위로서의 수준이다.

이를 좀 더 쉽게 이해할 수 있도록 논리 개체와 물리 개체를 관리하는 세 가지 방법에 대해 알아보자. 스토리 5에서 은행 직원, 고객, 물품 공급자 역할을 하는 은행원의 예를 기억할 것이다. 그 은행원의 이름을 '이영희'라 하고, 지금까지 학습한 내용을 바탕으로 이영희 개체를 어떻게 담을지 고민해보자. 직원, 고객, 사무용품을 공급하는 개인 사업자로서의 행위 주체는 이제부터 설명하듯이 여러 형태로 모델링할 수 있다.

[그림 12-7]의 형태 #1은 물리적인 개체와 논리적인 개체를 〈은행전사관계자〉 하나로 통합한 경우다. 자연인 이영희와 직원, 고객, 공급자로서의 논리적 역할 개체까지 총 4개의 인스턴스가 ID1001 ~ ID1004의 서로 다른 식별자로 존재한다. 자연인 이영희 개체와 논리적 역할의 이영희 개체들을 동일인으로 인식시켜줄 관계 엔터티가 필요함을 알 수 있다.

그림 12-7 형태 #1 – 물리 개체와 논리 개체의 통합

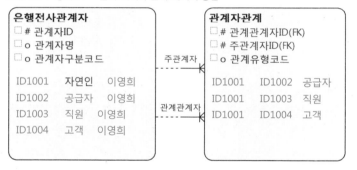

[그림 12-8]의 형태 #2는 첫 번째 모델과 같지만, 통합 엔터티에는 주 식별자와 최소한의 공유 속성만 남기고 나머지는 1:1 역할 엔터티로 분리한 경우다. 자연인 이영희와 역할별 이영희는 역시 다른 식별자를 가지며 여전히 관계 엔터티가 필요하다.

그림 12-8 형태 #2 – 물리 개체와 논리 개체의 통합. 단, 개별 속성은 1:1 분리

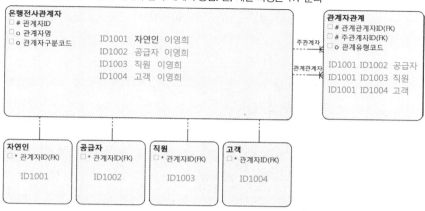

[그림 12-9]의 형태 #3은 물리 개체를 기준으로 식별자를 생성하며, 역할별 엔터티는 별도로 만들어 상위 물리 개체의 식별자를 상속받는다. 따라서 관계 엔터티는 불필요하며 엔터티명이 역할명이 된다.

그림 12-9 형태 #3 – 물리 개체 기준으로 식별자 생성. 역할별 엔터티는 별도로 식별자 상속

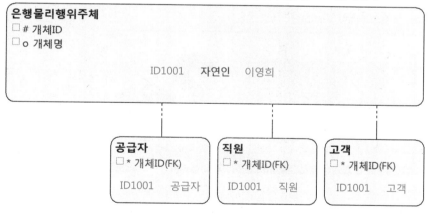

형태 #1은 역할별 개체의 식별자가 다르므로 데이터로 개체의 역할 확인이 가능하다. 다만 통합된 모델이다 보니 속성이 집약되어 모델이 복잡하고 관계 엔터티가 추가로 필요하다. 형태 #2는 #1과 유사하며 개별 속성을 분리된 역할별 엔터티로 확인

할 수 있어 가독성에 이익이 있다. 마지막 형태 #3은 물리 개체와 논리 개체의 식별자가 같아져서 관계 엔터티가 필요 없지만, 데이터만으로는 역할을 확인할 수 없다는 단점이 있다.

이제 상위의 묶음 단위가 생겼다는 것이 어떤 의미인지 이해했을 것이다. 데이터 모델링에서 이러한 묶음의 단위, 즉 수준의 개념은 정말 중요하다. 패키지 솔루션에서는 이러한 묶음의 단위를 만들기 위해 헤더 정보만 위로 올리고 상세 정보는 하위에서 관리하는 등의 처리를 하는 경우도 많다. 주의할 점은 집합의 통합과 확장은 반드시 본질이 유사한 것들을 대상으로 해야 한다는 것이다. 최상위 부모 엔터티들은 상대적으로 너그럽게 통합되어도 괜찮다. 만약 하위에서 배타적 관계가 많이 나타난다면 분리한 것에 문제가 있어 상위 개체가 통합되어야 한다는 신호로 보아야 한다. 물론 무리하게 통합하여 집합의 본질이 희석되면 안 되니, 통합은 반드시 데이터의 성격과 정체성에 기반해야 한다.

마지막으로 교집합이 있을 경우의 처리 기준을 알아보자.

그림 12-10 교집합이 있는 경우

집합 간에 교집합이 있으면 1) 중첩된 개체를 한쪽 집합에만 존재하도록 그 소유를 분명하게 정의하는 것이 하나의 방법이 될 수 있고 2) 집합이 중복되도록, 즉 개체가 여러 집합에 공존하게 하는 것이 그 대안이 될 수 있다.

1)과 같은 방법은 개체의 소속을 명확하게 하지만, 새로운 형태의 집합이 발생했을 때 대응할 수 있는 유연성은 떨어진다. 그래서 확장성보다는 집합의 의미를 구체적으로 정의하는 쪽에 비중을 두어야 할 때 사용해야 한다.

2)와 같은 형태는 일반적으로 바람직하지 않지만, 현실적으로는 충분히 발생할 수 있는 유형이다. 사실 엔터티를 정의할 때 어느 정도의 중복은 피할 수 없다. 통합했더니 좋지 않았고, 반대로 분리했더니 기존 집합의 의미가 훼손되어 **중복을 명확히 인지하면서** 허용한 경우라고 보면 된다. 집합의 독자적인 존재 가치가 있는 경우로, 앞서 설명한 폴더 구조 사례(그림 12-5)에서 〈03. 데이터베이스진흥원자료〉 폴더가 이에 해당한다.

데이터 표준화는 모델링의 과정이며 중요 요소다

표준화는 모델링과 별개의 영역이 아닌 속성 모델링 과정이다

나한빛: 수석님. 표준화팀 표책임님 아시죠?

정수석: 메타데이터 관리하는 표윤석 책임 말이지? 잘 아는 편이지. 꼼꼼하고 표준화와 품질에 대한 열정도 많고 깊이도 있는 것 같아서 눈에 들어오더라고. 그런데 나 선임이 표책임은 왜?

나한빛: 사실 표책임님 때문에 짜증이 좀 나 있어요. 데이터 모델링하기에도 바빠 죽겠는데 표준화팀에서 자꾸 메타데이터 등록하라고 강제하지, 또 등록 요청한 것들은 사사건건 문제가 있다면서 반려 처리하지... 좀 적당히 하시지, 이거 뭐 프로젝트를 하자는 건지 말자는 건지 모르겠네요.

정수석: 나선임이 표준 데이터 신청한 것들이 자주 반려되니 마음이 많이 상했나보군.

나한빛: 표준 지키고 그러는 거 물론 필요한 일이죠. 그렇지만 모델링이 중요하지, 메타데이터 등록 같은 표준화는 좀 부차적인 일 아닌가요? 거기에 시간을 빼앗기니 모델링에도 영향이 꽤 있더라고요. 요즘 같아서는 표준화를 왜 하는지 모르겠어요. 귀찮고 성가시기만 해요.

🤓 정수석: (난감한 표정을 하며) 흠, 나선임은 데이터 표준화를 데이터 모델링과 분리해서 생각하는 것 같은데, 그렇지 않아. 모델링의 주요 3요소를 엔터티, 속성, 관계 라고 할 때 속성 모델링은 데이터 표준화와 아주 밀접해. 표준화는 곧 속성 모 델링이라고도 할 수 있지.

🙁 나한빛: 속성 모델링요? 속성을 모델링한다? 감이 잘 안 잡히는데요.

🤓 정수석: 오늘은 나선임에게 데이터 표준화에 대해 설명해줘야겠군. 사실 데이터 표준화 를 깊이 고민해보지 않았다면 나선임처럼 생각하기가 쉬울 거야. 적당한 비유 가 될지 모르겠지만, 서울 시내를 운전하다 보면 신호등에 자주 걸려서 가다서 다 하는 경우가 많잖아. 게다가 약속에 늦어 마음이 한창 급할 때라면 신호등 욕을 하게 되지. 그런데 말이야, 만약 신호등이 없어진다면 우린 더 빨리 달릴 수 있을까?

🙂 나한빛: 한바탕 난리가 날 것 같은데요. 예전에 강남 한복판에서 신호등이 고장 났는 데, 경찰관이 도착하기 전까지 아비규환이었던 걸 본적이 있어요. 하하.

🤓 정수석: 그렇지, 표준화도 마찬가지야. 표준을 지킴으로써 정보시스템에서 얻는 것들이 꽤 많지. 그렇지만 그 이면에는 그걸 지키기 위한 수고로움이 분명 동반되어야 한다는 걸 알아야 해. 품질을 위해 관리와 통제 같은 거버넌스를 제대로 하려 면 분명 표준을 지키기 위한 리소스가 많이 필요하다는 것을 생각해야 해. 그런 데 우린 보통 그런 면은 간과하지. 무조건 좋아지는 줄 알지만, 사실 표준화를 제대로 하면 불편하고 수고로워지는 부분도 많아. 그럼 데이터 표준화에 대해 제대로 알아볼까?

데이터 모델에서 속성은 무엇일까? 속성은 데이터가 저장되는 최소 단위며, RDB 이론에는 '속성에 단일 값single value이 담겨야 한다'고 되어 있다. 또한 속성은 엔터티 의 특징이나 본질적인 성질 등을 명세한다. 고객의 성과 이름을 〈고객성명〉이라는 단일 속성으로 관리하는 것과 〈고객성〉, 〈고객명〉으로 분리하여 관리하는 것 중 어 느 쪽이 바람직할까? 정답은 없다. 쓰임새에 맞게 관리하면 된다. 성과 이름을 따로 가공하거나 분석/조회하는 업무가 많다면 분리하는 것도 고려할 수 있다. 이와 같이 관리하려는 값의 단위를 더 세분화할지, 값의 성격에 맞는 속성명은 무엇일지, 데이터 유형은 어떤 것으로 정의할지, 속성에 들어올 수 없는 값 같은 제약 등을 고민하고 결정하는 과정이 속성 모델링이다.

이와 같은 속성 모델링 과정은 결국 속성 수준의 메타데이터(용어)를 정의하는 데이터 표준화 작업에 해당한다. 따라서 데이터 표준화는 데이터 모델링의 한 부분임을 이해하고 속성 모델링의 과정으로서 충실하게 다루어야 할 것이다.[1]

데이터 표준화의 목표는 결국
이음동의어와 동음이의어를 관리하는 것

표준은 일정한 기준에 따라 통일시킨 것이다. 따라서 표준화는 규칙을 정한 후 그것이 일관되게 적용되도록 이해관계자들을 강제하는 과정이다. 그래서 메타데이터 관리시스템에는 표준 데이터 승인 프로세스가 포함되는 게 일반적이다. 같은 맥락에서 데이터 표준화는 데이터 표준화 지침이라는 규칙을 정한 후 오직 데이터적 관점에서 해당 규칙을 준수하도록 하는 과정이다. 데이터적 관점에도 데이터의 구조, 값 등 여러 틀이 있을 수 있으나, 통상 메타데이터 관리로 칭하는 데이터 표준화는 구조 관점의 표준화에 집중한다. 반면 데이터값에 대한 표준화는 데이터 코드화의 범주로 이해하면 무리가 없을 것이다.

그렇다면 **메타데이터**는 무엇일까? 메타^{meta}라는 어근이 의미하듯 메타데이터는 데이터에 대한 데이터다. 무언가를 담으려면 그릇이 필요하듯 데이터를 담으려면 그릇에 해당하는 구조가 정의되어 있어야 한다. 메타데이터는 데이터 구조를 향하는 용어로 [표 13-1]의 컬럼 제목들이 모두 이에 해당한다. 우리가 흔히 작성하는 엑셀 표의 첫 행은 그 아래 기입될 데이터에 대한 명세 역할을 담당하는 영역이다. 데이터를 설명하기 위한 데이터, 즉 메타데이터인 것이다. 그리고 일반적으로 데이터 표준화는 데이터 구조(모델) 안의 속성 수준에서 수행된다.

----

1 이력 관리 등 속성에 대해서도 살펴볼 내용이 많지만, 이 책은 엔티티와 관계에 집중하기 위해 속성 부분은 최소한의 내용만 담았다.

표 13-1 표 형태의 평범한 가계부 – 컬럼 제목이 메타데이터에 해당한다.

No.	일자	사용처	사용금액	비고
1	2014.08.13	전통토속전문점	24,000	보리밥
2	2014.08.20	엄마네손맛	18,000	백반
3	2014.09.13	전진	36,000	쌈밥
4	2014.09.17	엄마손칼국수	20,000	

정리하면, 통일시켜 일관되게 사용되도록 하는 것이 표준화의 핵심이며, 데이터 표준화의 주된 대상은 데이터를 담는 최소 단위인 속성이다.

그렇다면 데이터 표준화의 궁극적 목표는 무엇일까? 표준으로 제정된 것만을 사용하는 것, 즉 같은 의미를 다른 형태로 사용하지 않고, 다른 의미를 같은 형태로 쓰지 않는 것이다. 다시 말해 데이터 모델의 속성명으로 이음동의어와 동음이의어가 사용되는 경우를 최소화하는 것이다.

그림 13-1 이음동의어와 동음이의어

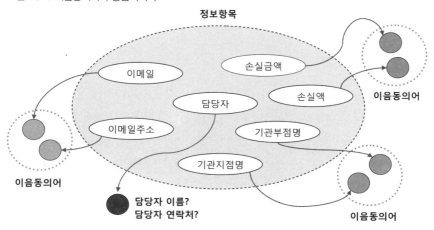

이쯤에서 데이터 표준화의 목표인 동음이의어와 이음동의어 양산 최소화를 위한 구체적인 방법론에 대해 잠시 살펴보도록 한다. 발음은 다르나 뜻이 같은 이음동의어가 만들어지는 대표적인 패턴은 다음과 같다.

이메일주소, 전자우편주소, email주소, e-mail주소, 메일주소

이처럼 속성명으로 이음동의어가 다량 양산되는 근본 이유는 무엇일까? 이메일을 전자우편, email, e-mail, 메일과 같이 다양한 형태로 사용할 수 있도록 허용했기 때문이다. 따라서 단일 형태로 통일하는 일이 시급하다.

속성명을 명확히 짓기 위해서는 용어 정의에 앞서 표준 단어 정의가 이루어져야 한다. 혹자는 용어 정도만 표준으로 관리하면 되지, 힘들게 단어까지 그럴 필요 있냐고 볼멘소리로 말하기도 하는데, 단어 표준화가 되지 않으면 용어 수준의 표준화는 사실상 큰 의미가 없다. 예를 들어 '이메일'을 표준 단어로 정했다면 전자우편, email, e-mail, 메일 등은 모두 금칙어가 된다. 그렇지 않으면 표준 용어인 '고객이메일주소'의 이음동의어인 '고객email주소'가 몰래 사용되는 것을 막기 어렵다.

이음동의어가 만들어지는 또 다른 대표적인 유형은 다음과 같이 용어를 구성하는 단어의 조합 순서만 다른 형태다.

- **입금총금액, 총입금금액**

- **최종등록일시, 등록최종일시**

- **최초입금금액, 입금최초금액**

이처럼 단어순서만 다른 용어들은 동일한 정보 항목을 의미하는 이음동의어일 확률이 굉장히 높다. 따라서 '입금총금액'이 표준 용어로 등록되면 '총입금금액'은 금칙어로 등록하는 노력이 필요하다. 더불어 메타데이터 관리시스템은 이와 같이 조합된 단어의 유사도를 기준으로 이미 등록된 유사 용어를 제공하여 이음동의어가 표준으로 진입되는 것을 최대한 막을 수 있어야 한다.

일반적으로 표준 용어는 표준 단어들의 조합으로 만들며, 그 영문명은 표준 단어의 영문 약어를 구분자로 결합해서 만든다. 당연히 용어의 영문명은 해당 용어를 속성으로 사용하는 컬럼의 이름이 된다. 예를 들어 표준 단어인 콜, 센터, 방문자, 수의 영문 약어가 CAL, CTR, VST, NUM이고 구분자가 '_'라면 콜+센터+방문자+수의 영문명은 CAL_CTR_VST_NUM이 된다. 반면 콜+센터를 덩어리로 콜센터라는 단어를 표준으로 삼았고, 이의 영문 약어가 CCR이라면 콜센터+방문자+수는 CCR_VST_NUM이 된다.

이상은 복합어를 표준 단어로 등록할 경우 이음동의어가 양산될 개연성이 높음을 시사한다. 따라서 복합어는 아래의 세 경우를 제외하고는 가급적 허용해서는 안 된다.

1. 복합어가 개별 단어의 의미에 플러스알파가 된다. 콜센터가 대표적이다. 기존의 콜과 센터라는 단어의 개별 의미에 더해 고객을 위한 행정 시설이라는 고유 의미가 존재하므로 별도 단어로 등록해도 좋다. 반면 고정금리는 플러스알파가 없으므로 단어로 등록될 수 없다.

2. 복합어가 관용적으로 하나의 단어처럼 쓰인다. 주민등록번호가 대표적이며, 한국데이터베이스진흥원, 금융감독원 등도 같은 맥락에서 표준 단어로 허용될 수 있다.

3. 용어의 영문명이 지나치게 길어진다. 오라클 DBMS는 컬럼명이 30바이트를 넘을 수 없다. 이런 경우 극히 예외적으로 복합어를 사용할 수 있다. 다만 기존에 등록된 용어와의 일관성을 위해 복합어 생성 전에 그 복합어를 포함한 모든 용어의 영문명을 변경하는 작업이 수반되어야 한다. 이는 기존 테이블의 컬럼명은 물론 해당 테이블을 사용하는 애플리케이션 수정까지 이어지므로 만만찮은 작업이 될 수 있음을 유념해야 한다.

마지막으로 다음 항목에서 왼쪽은 업무 의미와 데이터의 성격을 충실히 반영하지 못하고 있으므로 오른쪽과 같이 구체적인 형태로 정의해야 한다. 왼쪽과 같은 애매한 형태가 표준으로 사용되지 않도록 관리와 통제가 필요하다.

- 거래처, 거래처구분코드
- 추정소득, 추정연간총소득액
- 미래예상가치, 미래예상가치금액

이상으로 표준의 품질을 떨어뜨리는 대표적인 사례 몇 가지를 살펴보았다.

표준화가 이름과 데이터 형식 통일에서 끝난다고 생각하면
곤란하다. 완벽히 정규화된 모델이더라도 표준화가 안 되어
있으면 성능 저하 같은 문제가 생기기도 한다.

데이터 표준화의 목적은 단순히 용어의 통일과 일관성만이 아니다. 표준 미준수는 성능 저하와 시스템 장애의 직접적인 원인이 되기도 한다. [그림 13-2]의 사례는 조인할 두 테이블 a와 b의 연결고리인 〈고객구분코드〉 컬럼의 데이터 타입이 서로 다른 경우다. 컬럼명과 저장된 값이 같음에도 불구하고 원하는 결과를 얻을 수 없다. 원인은 오라클 DBMS의 CHAR 타입의 특성 때문이다. CHAR는 고정 길이 타입으로, 정의된 길이 미만의 값이 들어오면 나머지는 공백으로 채운다. 따라서 1234와 1234「」는 일치하지 않는 값으로 처리되어 원하는 결과를 얻지 못하는 것이다.

그림 13-2 데이터 타입의 특성 때문에 실제 저장된 값이 달라진다.

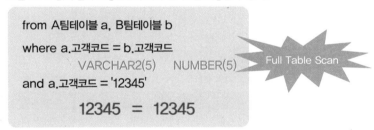

[그림 13-3]의 사례는 원하는 결과는 조회되지만, 수행 속도가 지극히 좋지 않은 경우다. 물론 두 테이블의 조인 연결고리인 〈고객코드〉 컬럼에는 인덱스가 존재한다. SQL 튜닝에 관심 있는 독자라면 금방 눈치 챘겠지만, DBMS의 옵티마이저는 비교 대상 컬럼의 데이터 타입이 다를 경우 이를 일치시키기 위한 형변환을 수행한다. 이 형변환 때문에 인덱스를 사용할 수 없게 되어 테이블 전체 스캔이 이루어지는 것이다.

그림 13-3 값이 같아도 형변환이 되어 인덱스를 사용할 수 없다.

```
from A팀테이블 a, B팀테이블 b
where a.고객코드 = b.고객코드
          VARCHAR2(5)    NUMBER(5)     Full Table Scan
and a.고객코드 = '12345'
        12345 = 12345
```

앞의 두 사례는 데이터 표준화의 대상 중 하나인 **표준 도메인**이 적용되지 않아서 발생한 문제다. 정보 항목의 이름뿐 아니라 정보 항목을 표현할 값의 형태도 반드시 표준화해야 함을 이제는 공감할 것이다. 데이터의 저장 형태를 유형화하고 이를 표준화하는 개념이 바로 표준 도메인이다.

데이터 표준화가 제대로 되어 있지 않으면 데이터 통합 시에도 많은 어려움을 겪게 된다. 데이터웨어하우스에서 [그림 13-4]와 같이 일관성 없이 산재되어 있는 데이터를 통합해야 한다면 견디기가 어려울 것이다.

그림 13-4 일관되지 않은 데이터가 산재한 시스템을 통합해야 한다면?

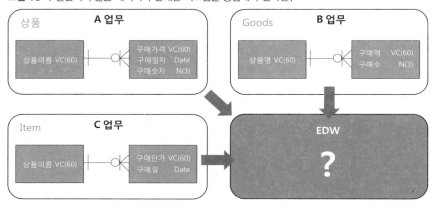

지금까지 설명한 것처럼 데이터 표준화는 데이터 모델링의 중요한 요소며 속성 모델링의 필수 과정이다.

고품질의 표준 데이터를 관리하려면 명확하고 구체적인 데이터 표준화 지침이 있어야 한다. 그뿐만 아니라 그 지침을 바탕으로 개발자, 표준화 담당자, 메타데이터 관리시스템이 삼위일체가 되어 각자의 영역에서 자신의 역할에 성실하게 임해야 한다.

표 13-2 고품질 표준 데이터를 관리하기 위한 각자의 역할

구분	역할
개발자	데이터 표준화 중요성 인식, 데이터 표준화 지침 숙지, 메타데이터 신규 신청 시 이음동의어 존재 여부 확인, 구체적이며 명확한 형태로 메타데이터 정의
표준화 담당자, DA	금칙어, 유사어 관리, 등록 요청된 메타데이터의 적정성 분석, 이음동의어 확인, 오류 패턴에 대한 개발자 가이드를 통한 조직 학습 유도
메타데이터 관리시스템	동음이의어, 이음동의어가 자료 사전에 등록되는 것을 필터링할 수 있는 다양한 로직 적용, 이음동의어를 구조적으로 분석할 수 있는 기능 제공

강조하고 싶은 점은 표준화는 열대어가 사는 어항과 같아서 잉크 한 방울만으로도 순식간에 오염되어 회복이 불가능하다는 사실이다. 따라서 이해관계자, 특히 표준화 담당자는 표준을 사수하려는 사명감을 가지고 끊임없이 노력해야 한다. 덧붙여 방대한 표준을 사람이 눈으로 일일이 확인하고 통제하는 것은 사실상 불가능하다. 따라서

메타데이터 관리시스템은 단순 자료 관리를 위한 시스템에 머물러서는 안 된다. 그 대신 표준 준수를 위한 다양한 정보를 제공하여 데이터 거버넌스의 중심이 되는 통제형 시스템이 되어야 한다. 마치 어항에 잉크가 떨어지지 않도록 하는 것처럼 문제가 있는 데이터는 표준 진입 자체가 되지 않도록 해주는 다양한 검사 로직이 탑재되어야 할 것이다. 표준 등록 후 사후 처리 과정을 통해 정제하려면 영향도 때문에 어려움을 겪는 경우가 많기 때문이다.

데이터 표준화와 모델링 환경

실무에서 데이터 모델링과 표준화가 어떤 아키텍처로 구성되는지 궁금한 독자들을 위해 데이터 관련 구성 요소들의 관계와 역할을 그림으로 표현해보았다(그림 13-5). 데이터 표준을 통제하는 메타데이터 관리시스템이 거버넌스의 중심에 위치하며 데이터 모델의 저장소인 모델 마트model mart와 실제 테이블이 생성되는 데이터베이스, 그리고 이를 근간으로 작동하는 애플리케이션이 유기적으로 연결되어 있다. 연결되었다는 것은 개별 요소가 다양한 정보를 주고받으며, 표준 메타데이터 변경이 테이블과 애플리케이션 소스에 미치는 영향도를 분석할 수 있음을 뜻한다.

그림 13-5 데이터 모델링과 표준 메타데이터 관리시스템의 유기적 연동

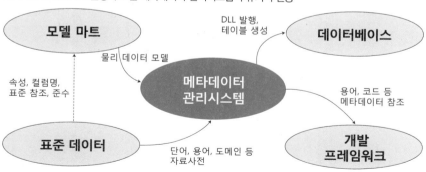

[그림 13-6]은 모델링 툴인 ERWin에서 메타데이터 관리시스템에 정의된 표준을 실시간 참조하여 표준 데이터만으로 모델을 정의하는 예시 화면이다.

그림 13-6 ERWin에서 표준 데이터를 모델 정의에 활용하는 모습

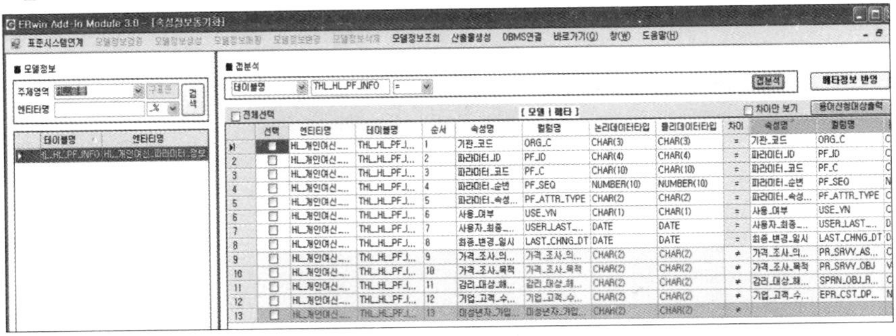

ERWin의 표준 지원 기능은 메타데이터의 영문명을 속성의 영문 컬럼명으로 자동 반영해주는 가교 역할을 수행한다. '갭분석' 버튼을 누르면 모델의 속성명, 데이터 타입, 길이 등의 정보와 메타데이터와의 불일치 여부를 즉시 확인해준다.

속성명 정의의 어려움과 표준 용어 구체화 수준에 대해

데이터 표준화를 담당하게 되면 '표준 용어를 어느 정도까지 구체적으로 명명해야 하는가'라는 질문을 자주 받는다. 내용, 서술내용, 고객서술내용, 고객서술특이내용 중 무엇이 최적인지 애매하기만 하다. 이름 짓기가 어려운 이유는 이름이 길다고 해서 무조건 명확하고 구체적인 정의가 되는 것은 아니기 때문이다. 오히려 가독성만 떨어질 수도 있다.

표준 용어 이름 짓기는 가능하면 구체적이되 간결하게 표현하는 것이 바람직하다. '구체적'과 '간결하게'라는 표현이 상충한다고 느껴질 수도 있으나, 핵심 단어를 선별해서 조합하면 목표에 접근할 수 있다.

이와 더불어 정보 항목의 특성과 업무중요도에 따라 구체화 수준을 차등 관리하는 방법도 고려해볼 만하다. [표 13-4]에는 구체화 수준의 정의를, [표 14-4]에는 속성 유형별 적절한 구체화 수준을 정리해보았다.

표 13-3 구체화 수준의 정의와 예

구체화 수준	정의	예
5	• 정보 항목의 의미를 고유하게 식별 가능	주민등록번호, 고객번호(고객 테이블), 사번(사원 테이블)
4	• 정보 항목의 의미를 고유하게 식별 가능 • 단, 전이된 속성으로 역할명이 적용되지 않는 경우	고객번호(계약 테이블) • '계약고객번호'처럼 '계약'이라는 역할이 추가되어야 완전하다.
3	• 정보 항목을 고유하게 식별할 수 없음 • 주로 단어 3개 이상 조합	신청특이내용, 입금총금액, 최종변경일시, 계좌입금금액
2	• 정보 항목을 고유하게 식별할 수 없음 • 주로 단어 2개 이상 조합 • 저장 형태 표준화가 어려움	상세내용, 서술내용, 총금액
1	• 정보 항목을 고유하게 식별할 수 없고, 포괄적임 • 주로 한 단어	내용, 금액, 값
0	• 비슷한 의미이거나 전용하여 사용	

표 13-4 속성 유형별 적절한 구체화 수준

속성 유형		내용	고유성	구체화 수준	비고
식별자 속성		• 엔터티의 개체 증가에 영향을 미치는 업무 식별자 속성	O	4, 5	
일반 속성		• 엔터티의 식별자 외 속성	O	3, 4, 5	
설계 (관리)	기본 키 (PK)	• 물리적 식별자 중 인위로 생성한 인조 식별자 속성 예) 계약일련번호		3, 4, 5	Artificial Key – ID: 4 이상 – 일련번호: 3 이상
	그외 키 (Non-PK)	• 데이터 관리, 보안, 성능, 운영 등에 필요해 관리하는 속성 예) 최종변경일시	X	3	관리 목적 속성
추출(유도)		• 기존 속성값을 바탕으로 연산된 결과를 별도 속성으로 재정의 • 다른 엔터티의 속성에서 특정 조건을 만족하는 값만 추출하여 재정의한 속성	O	3, 4, 5	재정의한 속성 비정규화 최소화 원칙

업무 식별자 속성은 정보 항목의 의미를 고유하게 식별할 수 있도록 일반 속성보다 구체화 수준을 높여서 명명해야 한다. 반면 〈최종변경일시〉 같은 시스템 속성 등 물리적인 관리와 통제 목적의 속성들은 명명 구체화에서 조금은 너그러울 수 있다.

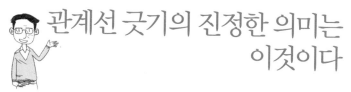

Story 14

관계선 긋기의 진정한 의미는 이것이다

ERD에서 관계선이 의미하는 것

나한빛: 수석님. 엔터티 모델링에 대해서는 이제 좀 체계가 잡혀가는 것 같아요. 업무 데이터의 성격을 이해해서 적절한 개체 단위로 분류하거나 묶는 과정인 엔터티 정의는 어려운 일인 건 분명하지만, 그래서 더 도전해볼 가치가 있다고 생각해요.

정수석: 이야. 설명해준 보람이 있군. 엔터티 모델링이 공학과 예술의 중간쯤에 있다고 얘기한 게 바로 그런 이유였어. 공학은 정확한 기준과 규칙에 따라 검증하고 진행하면 되지만, 데이터 모델링은 그것만으로는 부족하지. 종합적으로 사고하고 판단해서 최적의 솔루션을 찾아내야 해.

나한빛: 네. 제가 한 가지 의견을 덧붙이면, 모델러는 ERD라는 다이어그램을 그리는 거잖아요. 그림을 그리는 거니까 예술 맞지 않나요.

정수석: 하하. 내가 나선임한테 한수 배웠군. 그나저나 맡은 업무 모델링 작업은 잘 되어 가나?

🧑 **나한빛**: 네, 그럭저럭 일정대로 진행되고는 있어요. 그런데 요즘 관계에 대해 고민이 많아졌어요. 엔터티 사이에 선을 긋는 행위 자체에 자신이 없다고나 할까. 관계라는 것이 엔터티 간에 연관성이 있다는 의미일 텐데, 사실 정확한 기준을 모르겠어요.

👨 **정수석**: 좋은 질문이야. 그런 고민을 하고 있다니, 정말 기특한데!

🧑 **나한빛**: 사실 별다른 고민 없이 선을 긋는 설계자도 많은데 큰 문제가 없는 걸 보면, 관계라는 것은 어쩌면 논리적인 개념으로 가독성을 높여주는 역할 정도가 아닌가 싶기도 하고요.

👨 **정수석**: 어이쿠. 그건 절대 아냐. 사실 모델링을 좀 했다는 사람 중에서도 관계에 대해 명확하게 설명할 수 있는 사람은 많지 않을 거야. 나선임이 말한 것과 달리 관계는 물리적 실체가 존재하는 개념이야. 그리고 개발 현장에서 실수가 잦은 부분이기도 하지. 관계가 있는데 표현하지 않거나, 반대로 관계가 없는데도 뭔가 있을 것 같아 선을 그어놓는 경우 모두 문제가 있지.

🧑 **나한빛**: 흐음. 그런데 실제 운영에 들어가서는 문제가 되지 않는 경우도 많았던 것 같은데, 그런 상황은 어떻게 이해해야 할까요?

👨 **정수석**: 나선임이 궁금해하는 포인트를 알 것 같구먼. 그럼 관계에 대해 제대로 살펴볼까? 준비됐지?

필자가 초보 모델러 시절에 가장 어렵고 애매했던 것이 바로 관계였다. 참고하려고 찾아본 자료들에서는 엔터티를 실체들의 집합으로, 관계는 엔터티 간의 연관된 성질이라고만 간단히 정의한 것을 보면 답답하고 화가 났다. 물론 개념의 정의라는 것이 보편성을 확보하기 위해 다소 추상적일 수밖에 없는 한계가 있지만, 이 정의는 관계의 본질을 이해하기에는 턱없이 부족할 뿐이었다.

데이터 모델에서의 관계^{relationship}를 명확하게 정의하기는 쉽지 않다. 일단 건조한 사전적 정의보다는 피부에 와 닿을 만한 문장을 시작으로 관계에 대해 알아보도록 하자.

관계는 엔터티 사이에 존재하는 연관성으로, 모델에서는 관계선으로 표현되며 상위 엔터티의 주 식별자가 하위 엔터티의 속성으로 관리되는 것이다.

필자의 경험상 관계를 가장 쉽고 간단하게 이해시켰던 방법은 전문 모델링 툴을 활용하는 것이었다. [그림 14-1]을 살펴보자.

그림 14-1 ERWin에서 관계선을 긋기 전

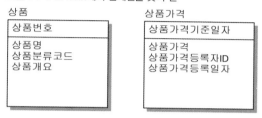

업무 규칙상 매일 오전 9시에 한 번씩 상품의 기준 가격이 새로 적용된다고 해보자. 이때 〈상품가격〉 엔터티는 하나의 상품에 대해 1년에 365개의 개체가 쌓이며, 〈상품〉에 완전히 종속된 집합이다. 따라서 이 둘 사이에는 충분한 연관성이 있으니 [그림 14-2]처럼 관계선을 그었다.

그림 14-2 ERWin에서 관계선을 그은 후

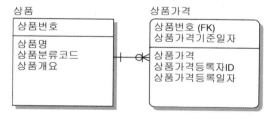

관계선을 긋는 순간 〈상품〉 엔터티의 주 식별자인 〈상품번호〉가 〈상품가격〉의 속성으로 내려온 것을 확인할 수 있다. 관계relationship가 RDB에서는 속성(경우에 따라 엔터티)이므로, 결국 참조무결성으로 구현된다. 따라서 상위인 〈상품〉 엔터티에 존재하지 않는 상품의 가격은 등록될 수 없어야 함을 쉽게 짐작할 수 있다.[1]

....

1 논리 모델에서는 ERWin에서처럼 관계를 속성(외래 키)으로 표현하는 것이 적절치 않다는 의견도 일부 있다.

RDB의 특징은 크게 표 구조의 릴레이션, 컬럼과 행 위치의 자유로움, 키 상속 시에만 데이터 중복 허용, 이렇게 세 가지로 규정할 수 있다. 이 중 세 번째 특징이 관계(관계에 의해 부모로부터 상속된 자식의 속성)를 의미한다고 할 수 있다.

이번에는 엔터티 사이의 관계가 둘 이상인 경우를 살펴보자. 관계선이 두 개 이상이면 잘못된 것으로 아는 사람도 더러 있는데, 절대 그렇지 않다.

일반적인 전자문서 관리 시스템에는 최초 문서 등록자는 한 명만 존재하며, 권한이 있는 사용자는 모두 문서를 수정할 수 있게 한다. 즉, 수정자는 2명 이상일 수 있다. [그림 14-3]은 문서의 등록자와 최종 수정자 정보만 관리하는 경우다.

그림 14-3 등록자와 최종 수정자 정보만 관리

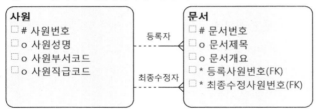

만약 문서를 최대 3회까지 수정할 수 있고 수정한 사원의 정보를 모두 관리하고자 한다면 이 모델은 [그림 14-4]처럼 변경되어야 한다.

그림 14-4 수정자를 최대 3인까지 관리

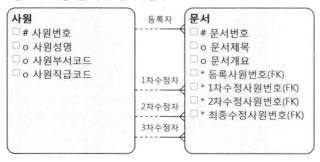

복잡해진 관계선을 보면서 다음과 같은 생각이 들 수도 있을 것이다.

- 후에 업무 규칙이 바뀌어서 수정 횟수 제한이 없어지면 어떻게 하지?

- 현재 사원과 문서에는 등록, 수정이라는 2가지 유형의 관계가 있는데, 여기에 다른 유형도 추가될 수 있지 않을까? 책갈피(즐겨찾기) 설정 요건이 생긴다면 현재로서는 대응하기 쉽지 않을 텐데...

만약 여러분도 이런 생각을 했다면 굉장히 고무적이라 할 수 있다. 〈사원〉과 〈문서〉를 등록이라는 관계 하나로만 보면 카디널리티^{cardinality}가 1:M이다. 그렇지만 등록, 수정, 책갈피 등을 모두 통합하여 다시 보면 M:N이 된다. 다시 말해 통합으로 인해 관계의 차원이 올라가 [그림 14-5]처럼 별도의 〈관계〉 엔터티가 만들어져야 한다.

그림 14-5 여러 관계가 통합된 별도 엔터티로 생성

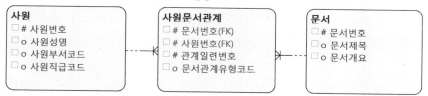

이제 관계의 성격에 대해 기본적인 이해가 되었으리라 보고, 데이터 모델링에서 관계가 어떤 의미를 가지는지 다양한 각도에서 정리해보기로 하자. 관계선을 통해 우리는 다음의 것들을 알 수 있다.

첫째, 엔터티 간의 관련 여부를 알 수 있다. 너무나 당연한 표현이지만, 관계선이 전혀 없이 테이블만 500개인 물리 모델을 상상해보면 수긍이 될 것이다. DB에서 테이블을 리버스해서 얻은 모델을 관계선 없이 이해하기란 제아무리 모델링 고수라 해도 어려운 일이다.² 관계선은 업무를 이해하고 분석하는 데 굉장히 중요한 수단이다. 관계선이 있으면 관련된 엔터티만 집중해서 분석할 수 있다.

둘째, 엔터티 간의 종속성을 알 수 있다. 앞서의 〈상품〉과 〈상품가격〉 예에서 〈상품가격〉은 〈상품〉에 그 존재가 완전히 종속되어 있다. 집합 간의 종속성, 계층구조의 명확한 이해는 데이터 모델을 큰 틀에서 볼 수 있는 좋은 관점을 제공한다.

....

2 물론 식별자와 속성을 보고 제한적으로나마 관계선까지 그어주는 리버스 툴도 있다.

셋째, 데이터가 발생하는 규칙(업무 규칙)을 알 수 있다. 정확히 표현된 관계선은 어떤 식으로든 엔터티 간의 업무 규칙을 보여준다. 다음 절에서 잘못 표현된 관계선으로 말미암아 데이터를 원하는 형태로 쌓을 수 없는 사례를 살펴볼 것이다.

넷째, SQL의 조인 경로와 조회 결과 집합의 형태를 알 수 있다. 당연히 관계선은 데이터를 조회할 때 조인하는 경로가 된다. 관계선으로 연결된 상위 엔터티와 조인 해야 속성을 기준으로 같은 데이터만 조인 결과로 가져오게 된다. 또한 관계의 카디널리티를 통해 결합될 집합을 알 수 있다. 1:M 관계의 집합을 조인한 결과는 M 쪽 집합의 행 단위가 된다.

다섯째, 참조무결성 관계를 알 수 있다. 즉, 외래 키 속성의 값은 상위 엔터티의 주식별자 값과 일치하거나 NULL이어야 한다. 관계선으로 연결된 두 엔터티의 연관된 인스턴스 사이에 이러한 일관성을 유지할 필요가 없다면 연결된 관계선은 잘못된 것이다. 다시 말해 참조무결성 관계가 있을 때만 관계선을 그어야 한다. 앞서 설명했듯 관계는 결국 부모의 식별자가 전달된 속성으로 남는다.

이상으로 관계에 대한 개요를 마쳤다. 아직도 혹시 관계선이란 있으면 좋지만 필수적인 것은 아니라고 생각하는 독자가 있을지 모른다는 노파심에 별도의 절을 마련했다. 다음 절에서 관계에 대한 오해, 현실 업무에서 관계가 어떤 수준으로 표현되고 있는지, 그리고 이를 어떻게 이해해야 할 것인지 살펴본다. 관계에 대해 명확히 알 기회가 될 것이다.

잘못 표현된 관계와 문제들

개발 현장에서는 이러저러한 핑계로 관계가 제대로 표현되지 않는 것이 사실이다. 그럼에도 불구하고 시스템 운용에 큰 문제가 생기지 않는 것을 보며 관계라는 것이 그리 중요한 것은 아니라고 생각할 수도 있는데, 예제를 살펴보면서 무엇을 오해하고 있는지 확인해보자.

[그림 14-6]은 실제 금융 업무에서 사용 중인 수신거래 테이블을 일부만 정제하여 그대로 표현한 〈수신거래내역〉이다. 실제 해당 모델에는 어떠한 관계선도 표현되어 있지 않다. 그럼에도 불구하고 입금, 출금, 이체와 같은 엄청난 양의 거래가 정상적으로 관리되고 있는 것은 어찌 된 일일까? 〈수신거래내역〉의 속성을 유심히 살펴보면 이유를 알 수 있다. 관계선을 표현하지 않았지만, 관계에 해당하는 속성은 분명 존재함을 확인할 수 있다. 〈상대계좌번호〉, 〈거래부점코드〉, 〈의뢰인고객번호〉, 〈책임자사용자ID〉, 〈원거래거래코드〉 등은 관계 속성으로서, 상위 부모 엔터티의 주 식별자 속성이 하위의 거래 엔터티 속성으로 내려온 것이다.

그림 14-6 금융 수신거래내역 엔터티

수신거래내역
# 수신계좌번호	o 전문관리번호	o 보전수수료
# 거래일련번호	o 수신거래종류코드	o 이자계산시작일자
o 거래일자	o 무통장거래여부	o 이자계산종료일자
o 거래시각	o 입력매체구분코드	o 의뢰인고객번호
o 기산일자	o 통화코드	o 대리인고객번호
o 취소일자	o 현금거래금액	o 처리자사용자ID
o 상대계좌번호	o 대체거래금액	o 책임자사용자ID
o 어음수표구분코드	o 거래부점코드	o 원거래거래코드

잠시 앞의 [그림 9-1]을 상기해보자. [그림 14-6] 사례에는 누가, 언제, 무엇을 등에 해당하는 주변 엔터티들과의 다양한 관계선이 표현되지 않은 것이다. 대신 관계에 해당하는 속성은 물리적으로 존재하므로 문제를 막아주고 있는 것이다. 이처럼 안타까운 예는 주변에서 너무나 쉽게 발견된다. 이는 제대로 된 논리 모델 없이 물리 모델만 있거나, 논리 모델과 물리 모델이 1:1인 정보시스템의 현주소와 유사하다.[3] 이처럼 관계 속성이라도 정의되어 있는 경우는 그나마 다행이다. 더 큰 문제는 관계선이 잘못 그려진 경우다. 이제부터 그 유형들을 살펴볼 것이다.

다음은 관계 유무와 그 표현 방법의 가능한 조합이다.

---

[3] 논리 모델의 역할과 중요성이 떠오르지 않는다면 스토리 6을 다시 읽어보자.

1. 관계선 표현
   1.1. 실제 관계가 있음(옳음)
   1.2. 실제 관계가 없음
2. 관계선 미표현
   2.1. 실제 관계가 있음
      2.1.1. 관계 속성이 있음
      2.1.2. 관계 속성이 없음
   2.2. 실제 관계가 없음(옳음)

이 중에서 실제 관계가 있어서 관계선을 표현한 경우(1.1)와 실제 관계가 없어서 관계선을 긋지 않은 경우(2.2)는 무조건 옳다. 관계가 있고 이를 관계 속성으로 표현한 경우(2.1.1)도 견딜만하다.

문제는 실제 관계가 존재함에도 어떤 표현도 없는 경우(2.1.2)와 관계가 없음에도 관계선을 표현한 경우(1.2)다. 다행히도 전자는 늦어도 단위 테스트 시점에는 문제가 드러나게 마련이다. 목적 집합을 만들기 위해 조인을 하려 해도 연결 고리에 해당하는 컬럼이 없기 때문에 비교적 쉽게 누락된 컬럼(관계)을 찾을 수 있다. 그렇다면 후자는 어떨까?

어떤 것이 꼭 필요한지 알고 싶다면, 그것이 없는 정반대 상황의 문제를 파악해보는 것도 좋은 방법이다. 관계선이 잘못된 경우와 그로 인해 발생하는 문제에 대한 구체적 사례들을 살펴보자.

반드시 가계약 후 본계약을 처리해야 하는 서비스가 있고, 이런 행위를 모델로 관리한다고 하자. 서비스 계약은 하나씩 이루어지며 가계약 금액과 실제 계약 금액은 다를 수 있다.

그림 14-7 계약 전에 반드시 가계약을 거쳐야 하는 업무 규칙을 표현한 모델

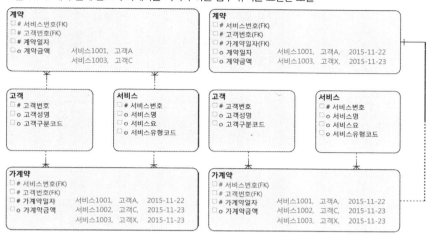

[그림 14-7]의 왼쪽 모델은 이러한 업무 규칙을 담아낼 수 없는 잘못된 모델이다. 〈계약〉과 〈가계약〉 엔터티는 각각 고객과 서비스의 하위 엔터티로 관계가 존재하지만, 정작 둘 사이에는 어떠한 관계도 존재하지 않는다. 따라서 가계약에는 없던 계약 개체가 발생할 수 있다.[4] 업무 규칙에 따르면 가계약에 명시된 **그 고객**이 **그 날짜**에 선택한 **그 서비스**가 그대로 계약으로 넘어와야 한다. 말 그대로 관계 속성의 상속이 필요한 것이다. 따라서 모델은 오른쪽과 같이 그려져야 한다. 〈계약〉 엔터티와 〈가계약〉 엔터티 사이에도 관계가 존재해야 하며 〈계약〉 입장에서 〈고객〉과 〈서비스〉 엔터티와의 직접적인 관계는 없다.[5]

이번에는 전자문서 관리 시스템의 문서 관리 구조 예를 다시 살펴보자. 문서는 폴더 안에 위치하며, 폴더는 더 상위의 캐비닛에 위치하는 구조라면 [그림 14-8]처럼 간단하게 그릴 수 있다.

---

4 애플리케이션 단에서 로직으로 막을 수는 있지만, 모델 수준에서 관리하는 것과는 큰 차이가 있다.

5 [그림 14-7]의 모델은 관계를 설명하기 위해 그린 것으로, 실제로는 〈계약〉과 〈가계약〉 엔터티가 통합될 여지가 충분하다.

그림 14-8 캐비닛-폴더-문서 구조

이 구조에서 문서가 속한 캐비닛을 알려면 〈문서〉, 〈폴더〉, 〈캐비닛〉을 모두 조인해야 한다. 그래서 조인 경로를 줄이고자 [그림 14-9]처럼 〈문서〉에서 〈캐비닛〉으로 관계선을 그었다고 하자. 이제 〈폴더〉 엔터티와 조인하지 않고도 문서가 속한 캐비닛을 바로 알 수 있게 되었다.

그림 14-9 폴더 엔터티에 없는 개체가 존재하는 문서 데이터

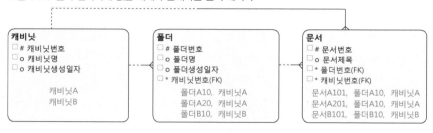

그런데 문제가 있다. 추가된 관계선이 데이터 무결성을 깨버린 것이다. [그림 14-10]은 [그림 14-9]를 일반화한 것이다. 이처럼 관계가 계층적일 때 2촌 이상과 직접 관계선을 그리면, 경우에 따라 무결성이 보장되는 값의 커버리지^{coverage}에 문제가 생길 수 있음을 정확히 인지해야 한다. 그림의 타원이 커버하는 값의 묶음이 의미가 있다면 〈Neighbor1〉과 〈Neighbor3〉 사이의 관계선은 〈Neighbor2〉에 존재하지 않는 인스턴스를 하위로 상속시켜 논리적으로 값의 정확성이 깨진 데이터를 만들어버린다.

관계선을 하나 긋는 행위가 이처럼 데이터 무결성을 깨뜨릴 수도 있음을 충분히 이해해야 한다. 이 유형은 데이터 중복에 해당하므로 성능 이슈가 있는 경우에 한하여 최소한으로 사용해야 하며, 그 경우에도 반드시 데이터 정합성을 유지하기 위한 장치를 마련해야 한다.

그림 14-10 관계의 커버리지

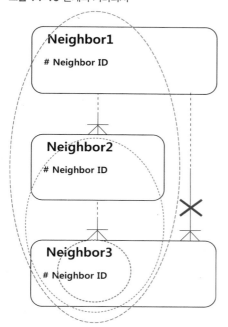

이번에는 관계가 없는데도 관계선을 그은 사례를 살펴보자. [그림 14-11]의 두 엔터티 사이엔 관계선이 그어져 있지만, 사실 주 식별자가 비슷해서 오인하고 잘못 그린 것이다.

그림 14-11 주 식별자가 비슷해서 관계를 잘못 표현한 잘못된 모델

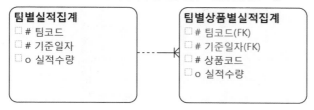

이 관계는 만약 〈팀별상품별실적집계〉 엔터티에 {팀코드: 1000, 상품코드: A, 기준일자: 2015.01.01}의 집계 데이터가 존재하면 〈팀별실적집계〉 엔터티에는 {팀코드: 1000, 기준일자: 2015.01.01}의 실적 집계 데이터가 반드시 존재해야 함을 의

미한다. 만약 업무적으로 이러한 데이터 발생 규칙이 존재하지 않았다면 둘 사이의 관계는 표현되어서는 안 된다. 일반적으로 이러한 분석, 집계, 백업 성격의 데이터는 관계가 없는 경우가 많다. 참조무결성 제약이 존재하는 관계만 관계선으로 표현되어야 한다.

관계의 유형에 대한 고찰, 모델링 툴의 한계와 현실적인 해법

우리는 앞에서 '관계는 엔터티 사이에 존재하는 연관성으로, 모델에서는 관계선으로 표현되며 상위 엔터티의 주 식별자가 하위 엔터티의 속성으로 관리되는 것'이라고 정의한 바 있다. 관계, 즉 릴레이션십은 부모의 주 식별자를 의미하는 논리적인 속성이라는 데 혹시 이견이 있는가? 데이터 모델 상에 관계선을 그을 수는 없지만, 개념적으로는 분명 관계가 존재하는 경우도 있는데, 이런 것은 어떻게 처리해야 할까?

[그림 14-12]의 〈서비스〉 엔터티의 주 식별자인 〈서비스ID〉는 〈서비스분류체계〉 엔터티의 〈중분류번호〉를 기반으로 생성된다는 업무 규칙이 있다고 하자. 예를 들어 〈대분류번호〉는 001, 〈중분류번호〉는 XYZ인 '공공서비스'라는 분류가 있다고 하자. 이때 이 분류 체계의 하위 서비스로 공익서비스, 교육서비스, 의료서비스 등이 존재 할 때 이들의 〈서비스ID〉는 반드시 XYZ로 시작해서 XYZ01, XYZ07, XYZAA 형태가 되어야 한다면 데이터 모델로는 어떻게 표현할 수 있을까?

그림 14-12 관계는 있으나 관계선으로 표현하지 못하는 경우

```
서비스분류체계                        서비스
□ # 대분류번호                        □ # 서비스ID
□ # 중분류번호                        □ * 서비스명
□ * 서비스유형코드                    □ * 서비스등록일자
□ * 서비스분류명
```

〈서비스ID〉는 부모인 〈서비스분류체계〉의 식별자 속성을 그대로 상속한 외래 키 가 아니므로 모델 상에서 관계선을 긋기는 어려워 보인다. 그렇지만 〈서비스ID〉는 분명 〈중분류번호〉에 기초해서 LIKE 패턴으로 생성된다는 규칙이 있으니, 이를 어 떻게든 모델에 표현하는 것은 분명 의미가 있어 보인다. 이러한 데이터 규칙이 많이 표현될수록 모델의 완전성이 높아진다는 데에는 이견이 없을 것이다. 이 지점에서 관계와 관련된 중요한 이슈를 몇 가지 짚어보자.

- 관계에는 EQUAL, NOT EQUAL, LIKE, BETWEEN 등 다양한 패턴이 있다.

- EQUAL 외의 관계는 DBMS의 참조무결성 제약으로 구현이 불가능하며, 애플리케이션에서 로직 으로 처리해야 한다.

- EQUAL 외의 관계를 표현할 수 있는 모델링 툴은 많지 않다.

- 데이터 규칙을 최대한 표현한다는 관점에서, 툴에서 지원하지 않는 관계는 설명description 상자 등 으로 기술하는 것이 적극적인 대응이라 생각된다.

- 따라서 관계의 개념을 확장해보면 이 절의 처음에 나온 정의는 잘못된 것이라고 할 수 있다. 이 정 의는 관계의 현실적 정의 정도로 이해하면 좋을 것이다.

코드와 관계, 그리고 참조무결성 제약

관계선을 잘못 표현한 사례 한 가지를 더 살펴보기로 하자. 실무에서 흔히 '공통코드'라고 하는 코드 집합에 대한 이야기다. 코드에 대해서는 별도 스토리에서 자세히 설명할 것이므로 이번 절에서는 관계를 설명하는 데 필요한 최소한만 언급한다.

코드란 무엇일까? 포탈에서 검색해보면 '정보를 나타내기 위한 기호 체계'라고 되어 있다. 좀 더 풀어쓰면 어떤 정보를 그대로 사용하면 불편하니 기호 체계로 변경해서 사용하기로 하고, 이때 변경된 모습의 기호가 바로 코드인 것이다. 데이터 모델에서 정보는 속성 단위로 입력되니 속성의 값을 기호로 변환한 것을 코드라고 할 수 있다. 그런데 속성의 코드화는 왜 필요할까?

[표 14-1]의 예시는 〈발송수단〉 속성값 중 이메일을 표현하는 방법이 조금씩 달라 추후 집계 시 문제가 생기기 쉽다. 집계한다는 것은 그룹핑한다는 것이다. 그룹핑, 이것이 코드화의 목적이다. 그룹핑해서 집계하고 분석한 정보를 사용하려는 요건이 있을 경우 해당 속성 데이터를 코드로 표준화하여 관리하게 된다. 그래서 SQL 문장의 group by 절에 나오는 컬럼의 정체가 코드일 확률은 90% 이상이다.

표 14-1 이메일을 여러 가지로 표현하여 집계 시 문제가 생길 수 있다.

고객번호	성명	발송여부	발송수단
1001	홍길동	Y	이메일
1002	이길동	Y	email
1003	이순신	N	e-mail
1004	강감찬	N	전자우편

다음은 공통코드 차례다. 결론부터 말하면 코드성 테이블을 한 단계 추상화한 것이 공통코드 테이블이다. 테이블의 기본 키가 코드 성격의 컬럼이며 관리하는 부가 정보가 많지 않을 경우(예를 들면 〈직업코드〉, 〈최종학력코드〉 등) 독립된 테이블보다는 공통코드 테이블로 일반화하는 쪽이 더 많은 장점을 취할 수 있다. 예를 들어 자주 사용되는 코드가 하나의 테이블로 응집되어 메모리에 상주한다면 디스크 I/O가 줄

어들어 더 빠른 처리가 이루어진다. 반면에 코드 성격의 데이터지만 관리하는 속성이 많아 별도의 엔터티로 등록하는 경우가 목록 엔터티며, 부서코드가 대표적이다.

그러면 공통코드의 일반적인 관리 형태와 잘못 표현된 관계를 통해 관계의 의미에 대해 조금 더 알아보기로 하자.

[그림 14-13]의 〈공통코드〉 엔터티는 최종학력코드, 직업코드와 같은 수준으로 하나의 코드 개체를 관리하는 집합이다. 예를 들어 {공통코드ID: 0023, 공통코드명: 최종학력코드}와 같은 형태다. 〈공통코드값〉 엔터티는 개별 공통코드의 상세 코드값을 {공통코드값: 01, 공통코드값명: 대학원}, {공통코드값: 02, 공통코드값명: 대학/전문대}, {공통코드값: 03, 공통코드값명: 고등학교} 수준으로 관리하는 집합이다.

그림 14-13 공통코드 테이블에 관계선을 잘못 그은 모습

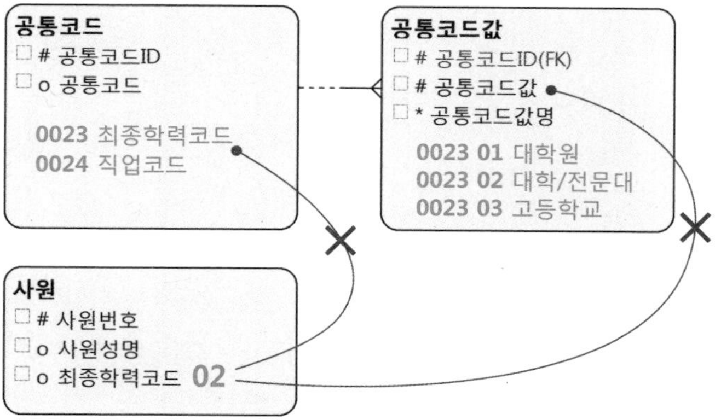

이러한 일반적인 공통코드 구조에서 〈사원〉 엔터티가 포함한 〈최종학력코드〉라는 속성 때문에 코드 집합과 연관성이 있을 것 같아서 〈공통코드〉 혹은 〈공통코드값〉 엔터티와 관계선을 긋는다면, 이는 여전히 관계를 제대로 이해하지 못한 것이다. 이유는 다음과 같다.

앞서 공통코드 테이블은 일반적인 코드성 테이블(목록 테이블)을 한 단계 더 추상화한 것이라고 했다. 따라서 〈사원〉의 〈최종학력코드〉는 〈공통코드〉와 차원이 달라 관계선을 그으면 안 되는 것이다.

이는 부모 엔터티(공통코드)의 주 식별자 어디를 봐도 자식 엔터티(사원)에 내려 줄 〈최종학력코드〉가 발견되지 않는 것을 통해 명확해진다. 〈최종학력코드〉는 속성 수준이 아닌 속성의 값 수준으로 차원이 변경된 것이다. 따라서 관계선이 너무 많아 져서 가독성이 떨어지므로 공통코드와의 관계선은 생략해도 무방하다는 설명은 잘 못된 것이다. 실상은 엔터티 사이에 관계 자체가 없기 때문이라는 표현이 정확하다.

다시 한 번 정리하면, 관계선은 상위(부모) 엔터티의 주 식별자가 하위 엔터티의 관계 속성(외래 식별자)으로 내려오는 참조무결성 관계가 존재할 때만 표현되어야 한다.

끝으로 관계의 외래 키 제약 구현에 대해 생각해보자. 참조무결성 제약 혹은 외래 키 제약을 걸지 않는 이유는 크게 나눠보면 대략 다음과 같은 패턴들이 있다.

- 성능 저하

- 개발 생산성 저하

- 관리 불편

- 환경 제약

외래 키를 포함해서 DBMS가 데이터 무결성을 지키기 위해 제공하는 다양한 제 약을 사용하지 않는 단골 이유가 바로 성능이다. 데이터의 입력, 수정, 삭제 시 제약 이 걸려 있다면 조건을 확인하기 위한 내부 트리거 부하가 동반되어 더 느리게 처리 될 수밖에 없다. 그러나 성능이 너무 중요하여 데이터 무결성을 포기하거나 사후 대 응해야만 하는 경우에는 그동안의 경험으로 미루어보아 3% 미만이다.

마찬가지로 개발 과정에서 테스트 데이터 입력 등의 불편함 때문에 외래 키를 걸 지 않겠다는 주장 역시 설득력이 떨어진다. 개발 종료 시점에 외래 키를 걸 수도 있 지만, 현실적으로 이 역시 쉽지 않다.

이와는 다르게 거버넌스 환경에 영향을 받는 어포던스^{affordance} 측면에서는 생각할 부분이 조금 있다. 어포던스는 '환경과 상황이 행동을 규정짓는다'라는 관점이다. 예를 들어 세면대를 변기 형태로 디자인하면 변기로 사용된다는 것이다. 의자도 그 디자인에 따라 그냥 앉고 싶은 의자, 책을 읽고 싶은 의자, 대화를 나누고 싶은 의자 등으로 나뉜다. 즉, 디자인과 아키텍처가 활용 형태를 결정짓는 것이다. 어포던스는 사용자 경험^{user experience}(UX)과 아키텍처 영역에서 많이 언급되는 개념이지만 외래 키 역시 같은 맥락에서 설명할 수 있다.

일반적인 개발 조직에서 개발자, DA, DBA는 그 역할이 명확히 구분된다. 그래서 인지 애플리케이션 개발자는 데이터 무결성이니 외래 키니 하는 DB 안쪽 세계까지 깊이 고민하지 않는다.

외래 키 관련 논쟁은 다음과 같이 정리해볼 수 있다.

첫째, 데이터 무결성이 중요하지 않은 업무라면 외래 키를 걸지 않아도 무방하다. 그러나 현실 업무에서 그런 경우는 거의 없다. 결국 외래 키 제약 구현은 전방위적으로 충분히 검토되어야 한다.

둘째, 성능 이슈가 있는 3% 미만의 영역에서는 외래 키를 걸지 않고, 무결성은 애플리케이션에서 보장하거나 사후 처리하는 방법을 검토할 수 있다.

셋째, 무결성이 중요하고 성능 이슈가 크지 않은 업무는 가능한 한 모두 외래 키를 걸도록 하자.

넷째, 관리상의 불편과 조직 내의 저항 등에 부딪히면 무결성 유지가 최고의 가치가 될 만한 핵심 업무 중심으로 선택과 집중하여 외래 키를 반영하도록 하자.

관계형 데이터베이스에서 데이터 무결성 유지는 최고의 선택이라고 할 수 있으며, 이를 수호하기 위해 제공하는 참조무결성 제약은 당연히 최대한 활용해야 한다. 트리거, 사용자 정의 함수, 애플리케이션을 통해서도 무결성을 강화할 수 있다. 하지만 데이터 모델 설계 시 데이터 전문가가 참여하여 컬럼 수준의 제약 조건을 적용해서 오류 데이터의 진입을 최대한 막는 것이 훨씬 효율적이다. 제약 조건은 시스템 규모,

DML/조회 패턴, 트랜잭션 유형 등을 고려해서 적용 범위를 조정하는 등 융통성 있게 활용하도록 하자. 여기에 Meta/DQ 시스템을 활용하여 사후 처리를 병행하는 것이 데이터의 품질을 최대한 확보하는 현실적인 방안으로 보인다.

Story 15

데이터 모델의 확장성과 유연성을 생각하다

1정규화로 알아보는 데이터 구조 유연성의 개념과 본질

데이터 모델의 품질을 논할 때, 우리는 종종 비즈니스 변화에 유연하고 확장성 좋은 데이터 모델에 관해 얘기하곤 한다. 데이터 모델의 품질은 어떻게 측정할 수 있을까? 주변에서 흔히 볼 수 있는 구체적인 모델과 유연성이 극대화된 모델은 무엇이 다를까?

품질은 정량적으로 측정하고 분석할 수 있어야 하며, 이를 위해 분석의 기준이 되는 정보를 우선 정의해야 한다. 통상 지표나 지수로 번역할 수 있는 인덱스^{index}가 이에 해당하며, KPI와 DQI에 포함된 'I'가 인덱스의 첫 글자다. 데이터 모델의 품질과 관련된 지표는 여러 가지가 있다. 그중 데이터의 정확성과 일관성 등 무결성과 관련된 것은 정규화며 유연성은 조금 다른 관점의 지표로 볼 수 있다.

먼저 데이터 모델의 유연성에 대해 정의해보자. 데이터 모델의 유연성은 새로운 모델 생성, 기존 모델 변경 등의 변화를 최소화하면서 변경된 업무 요건이나 신규 업무를 빠르고 정확하게 반영할 수 있는 성질을 말한다.

정의를 보면 기존 모델 변경을 최소화하는 것이 굉장한 미덕처럼 느껴질 것이다. 이는 정보시스템 운영 업무를 해본 사람이라면 쉽게 공감할 것이다. 기존 테이블에 컬럼을 추가하거나 새로운 테이블을 생성하려면 데이터 구조 변경과 관련된 내부 프로세스를 거쳐야 한다. Alter Table을 하면 기존의 관련 업무에 영향을 줄 수밖에 없어 변경에 따른 영향도 분석과 테스트가 수반된다. 데이터 영역에서는 인덱스와 실행 계획 등을 모두 점검해야 하고, 애플리케이션 영역에서는 (J2EE 환경이라면) 테이블과 매핑되는 VO$^{\text{Value Object}}$, DAO$^{\text{Data Access Object}}$ 클래스 등을 모두 다시 컴파일한 후 테스트해야 한다.

이러한 문제를 극복하기 위해서라도 유연한 모델 작성을 위해 더 노력할 필요가 있다. 업무 요건이 변경되더라도 애플리케이션만 조금 손보면 되는 모델, 그것이 유연한 데이터 모델이다. 특히 CRM과 ERP 같은 패키지 솔루션 대부분은 추상화 수준을 높여 유연성을 극대화한 모델로 구현되어 있다. 그럼 친숙한 1정규화 과정을 통해 모델의 유연성 개념과 그 본질을 더 명확히 이해해보자.

데이터 모델 유연성의 핵심은 데이터를 (속성 수준으로 관리하지 않고) 행 수준으로 저장하는 데 있다. 컬럼 추가(구조 변경) 없이 새로운 인스턴스(값)를 추가해서 업무 변경에 대응하는 것이다.

[그림 15-1]의 왼쪽에 있는 〈고객〉 엔터티는 〈집전화번호〉와 〈회사전화번호〉 등 연락처 관련 반복 속성을 가지고 있다. 이를 정규화하면 오른쪽 모델이 만들어진다. 업무가 변경되어 고객의 휴대폰번호도 관리해야 한다면 두 모델에서는 각각 어떻게 대응할 수 있을까? 왼쪽 구조에서는 불가피하게 모델 구조를 변경해서 〈휴대폰번호〉 속성을 추가해야 한다. 이에 반해 오른쪽 모델은 〈연락처구분코드〉에 휴대폰번호를 의미하는 코드값만 추가하면 구조 변경 없이 원하는 목적이 달성된다.

그림 15-1 1정규화 전(왼쪽)과 후(오른쪽)의 모델

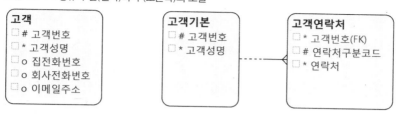

1정규화를 통해 속성이 컬럼(테이블의 가로)에서 값(테이블의 세로)의 차원으로 전환된 셈이다. 이것이 바로 모델 유연성의 기본 개념이다. 모델의 구조에 속하는 속성으로 관리하지 않고 값을 추가하는 방식으로 전환하여 구조 변경을 최소화한다는 것이다.

즉, 왼쪽 모델에서는 〈집전화번호〉와 〈휴대폰번호〉 같은 정보 항목이 속성으로 명확히 드러나는 반면, 정규화된 오른쪽 모델에서는 이러한 정보가 밖으로 드러나지 않고 〈연락처〉 속성의 **값**으로 들어가게 된다. 다시 말하면 왼쪽에서는 개별 속성으로 관리되던 연락처 관련 정보가 〈고객연락처〉라는 단일 엔터티로 통합되면서 추상화 수준이 올라갔다. 결국 두 모델은 서로 관리하는 차원이 달라진 것이다. 이 점을 잘 이해하면 앞으로 설명할 유연성이 극대화된 모델을 쉽게 이해할 수 있다.

그렇다면 비즈니스 변화에 유연하고 확장성이 뛰어난 모델은 좋은 모델일까? 추상화 수준이 올라가 차원이 높아진 모델은 좋은 모델일 수도, 아닐 수도 있다. 왜냐하면 유연하게 설계된 모델은 다음과 같은 약점도 갖게 되기 때문이다.

1. 추상화 수준이 높아 직관적이지 않고, 경우에 따라 이해하기 어렵다.

2. SQL이 복잡해져 개발과 유지보수 비용이 늘어난다.

3. 유연하지 않은 구체적인 모델과 비교하여 성능상의 제약과 한계가 있다.

4. 성능 외에도 RDB의 기본 사상과 다른 차원의 모델로 인해 DBMS가 제공하는 기본 기능 활용에 제약이 있을 수 있다.

앞의 모델만 보더라도 차원의 상승으로 RDB의 장점 일부를 잃게 되었다. 예를 들어 〈집전화번호〉는 NULL을 허용하고 〈이메일주소〉는 허용하고 싶지 않다고 해보자. 이를 속성으로 관리했다면 손쉽게 제약^{constraint}을 적용할 수 있지만, 값으로 한다면 DBMS 단에서 통제하기는 쉽지 않다. 다른 제약도 마찬가지다. 이처럼 모든 선택에는 명과 암이 존재한다. 유연성이 극대화된 모델이 무조건 좋을 수는 없으니, 그 이면에 존재하는 약점과 한계를 정확히 인식하고 충분한 검토를 거쳐 적용해야 한다.

다음은 모 차세대 시스템 구축을 위한 개발 수행사의 제안서에서 발췌한 원칙 일부다.

> **원칙 1:** 데이터 표준은 전사적으로 수립되고 적용되어야 한다.
>
> …
>
> **원칙 4:** 비즈니스 요건 변화에 유연하게 대응할 수 있는 데이터 구조가 되어야 한다.
>
> **원칙 5:** 데이터는 비즈니스 지원을 위해 일관성과 정합성을 유지해야 한다.

위 내용은 차세대 개발 프로젝트의 데이터 아키텍처 구축을 위한 최상위 원칙을 기술한 것이다. 가장 중요한 순서로 정의되어 있다고 한다면, 필자의 생각에 이 원칙에는 중대한 문제가 있다.

모델링 영역에서 데이터 무결성은 정확성, 완전성, 유효성의 의미로 데이터가 오류 없이 완전한 상태임을 의미한다. 참고로 중복된 데이터 간에 불일치가 생기는 것은 데이터 정합성의 관점이며, 정합성은 무결성의 한 부분이다. 당연히 데이터 무결성은 그 어떤 원칙보다 우선하며 모델링의 궁극적 목적이자 최고의 가치여야 한다. 그런데 앞의 제안서에서는 무결성에 해당하는 원칙 5가 유연성에 해당하는 원칙 4보다 나중에 나온다.

물론 단순히 기술 순서의 차이 정도로 가볍게 볼 수도 있지만, 실제 현장에서 모델의 유연성만을 강조한 나머지 데이터 모델의 기본인 데이터 무결성을 너무 가볍게 생각하는 사람들을 자주 목격하게 된다.

성능을 위해 중복을 허용하는 반정규화라는 예외가 있듯이, 유연성을 극대화해야 하는 업무도 물론 존재할 수 있다. 앞서 언급한 CRM, ERP 같은 패키지 솔루션용 모델이 대표적이다. 다만 유연성 때문에 다른 중요한 가치를 양보해야 하는 경우는 필자의 경험상 1% 미만이었다. 유행처럼 무분별하게 강조되는 듯한 데이터 모델의 유연성에 대해서는 이번 스토리를 통해 진지하게 다시 한 번 고민하는 시간이 되었으면 한다.

속성 유연성을 위한 메타 구조 모델

모델의 유연성 향상을 위해 가장 쉽게 접근할 수 있는 방법은 속성의 중요도 등을 기준으로 기본 엔터티와 상세 엔터티로 1:1 분할하는 것이다.

[그림 15-2]에서 왼쪽 〈상품원장〉 엔터티는 한눈에 보기에도 많은 속성을 담고 있다. 이 속성들을 성격, 중요도, 조회 패턴 등을 고려해서 꼭 필요하거나 자주 사용되는 속성만 남기고 나머지는 1:1로 분리된 별도의 엔터티로 옮기면 오른쪽 모델처럼 될 것이다. 그 결과 엔터티의 잦은 변경에 대한 부담을 덜었으며, 주요 속성의 응집도가 높아지고, 하나의 블록에 담기는 행(인스턴스) 수가 증가해서 적중률도 좋아지는 등 성능 향상도 기대할 수 있게 되었다.

그림 15-2 모든 속성을 담은 모델(왼쪽)과 상세 속성을 1:1로 분할한 모델(오른쪽)

데이터 모델의 유연성을 개선하는 방법은 다양하다. 유사한 집합을 상위로 통합한 모델은 개별로 존재하던 때보다 유연하다(스토리 9). 또한 엔터티 사이에 다양한 관계를 별도의 엔터티로 묶어버리면 새로운 관계 유형이 추가되어도 간단히 값만 추가하여 대응할 수 있다(스토리 14).

안타깝게도 RDB의 테이블과 컬럼은 프로그램의 변수만큼 유연하지 않다. 모든 컬럼을 구체적으로 정의한 후 Create Table 명령을 실행해야 그 구조 속에 값을 담을 수 있다. 이제부터는 그럼에도 불구하고 컬럼(속성) 수준에서 데이터를 유연하게 담을 수 있는 방법들을 살펴보기로 한다.

[그림 15-3]은 상품의 기초 속성은 〈상품원장〉 엔터티에 두고 상품별 다양한 파라미터 속성은 〈상품속성〉 엔터티에서 관리하는 구조다. 이해를 돕기 위해 각 엔터티에 저장되는 값의 예를 [그림 15-4]에 준비해보았다.

그림 15-3 속성 메타 구조

그림 15-4 속성 메타 구조 데이터 사례

먼저 〈상품원장〉은 주요 속성만 남겨두었으므로 관리해야 할 속성의 수가 많이 줄어들었다. 주요 속성은 잘 변하지 않는 본질적 속성이어야 한다. 〈상품속성〉 엔터티는 〈상품원장〉에서 관리하는 기초 속성을 제외한 모든 부가 속성 정보를 관리한다. 가운데의 〈상품속성값〉 엔터티에서는 관리할 속성의 수만큼 데이터 행이 생성된다. 즉, 개별 상품의 속성 수만큼 데이터가 쌓이는 것이다. 향후 새로운 상품이 나오거나 기존 상품의 속성이 늘어도 〈상품속성값〉에만 '값'을 추가하는 것이 핵심이다. 구조는 전혀 손대지 않고 말이다.

이와 같이 유연성이 확보된 모델에서 〈상품등록일자〉가 '2014-08-15'보다 늦고 〈최대입금금액〉이 1,000만원 미만인 상품 정보를 추출해보자.

```
SELECT 상품명
FROM 상품원장
WHERE 상품번호 IN
        ( SELECT 상품번호
          FROM 상품속성값
          WHERE (속성명 = '상품등록일자' AND 날짜값 > '2014-08-15')
          OR    (속성명 = '최대입금금액' AND 숫자값 < 10000000)
          GROUP BY 상품번호
          HAVING COUNT(상품번호) = 2 )
```

두 조건 모두를 만족하는 것을 선택하기 위해 GROUP BY와 HAVING 절이 필요했으며 〈상품속성값〉 테이블의 WHERE 절에는 OR 처리가 되었음에 주의해야 한다. 이는 기존 열(컬럼) 개념에서 행(로우) 개념으로 차원이 전환되었기 때문이다. 이처럼 구조가 변하면서 SQL 문이 어려워진 것을 확인할 수 있다. 만약 [그림 15-2]의 왼쪽과 같은 일반적인 모델이었다면 다음과 같이 훨씬 간단한 형태로 같은 질의를 할 수 있다.

```
SELECT 상품명
FROM 상품원장
WHERE 상품등록일자 > '2014-08-15' AND 최대입금금액 < 10000000
```

속성 메타 구조는 속성을 행으로 관리한다. 그 덕분에 구조 변경 없이도 계속 추가할 수 있다. 그러나 저장 형태와 별개로, 사람이 볼 때는 컬럼 형태를 원한다는 점 때문에 전환 작업이 뒤따라야 한다. 대용량 데이터를 다룰 경우 이는 성능에 많은 영향을 미친다.

이러한 속성 메타 구조는 속성이 자주 바뀌나 이를 참조하는 경우가 지극히 드물고 성능 역시 문제가 되지 않을 때 적용해야 한다. 그러나 현실 업무에서 이런 경우는 거의 없으므로 속성 메타 구조가 실전에서 사용되는 사례는 많지 않다. 게다가 속성이 행이 되면서 RDB의 무결성 제약 조건과 인덱스 활용에도 제약이 생긴다. 구조의 유연성이라는 것을 얻으면서 RDB의 중요한 몇 가지를 잃어버리게 된 것이다. 이러한 득과 실을 명확히 이해한 상태에서 적용 여부를 판단해야 한다.

사실 컬럼을 새로 만들지 않으면서도 업무 요건을 추가할 수 있는 더 흔하고 비교적 간단한 방법은 [그림 15-5]처럼 컬럼을 미리 만들어놓는 것이다. 즉, 구체적으로 정의되지 않은 다수의 컬럼을 데이터 타입별로 미리 확보해두는 방법이 있다.

그림 15-5 정의되지 않은 다수의 컬럼을 확보한 모델

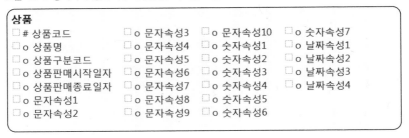

이때 미리 확보한 컬럼이 실제 어떤 용도로 사용되는지는 그 컬럼을 사용하여 개발하는 사람만이 알게 되는 문제가 있다. 따라서 컬럼별로 어떤 데이터가 들어오는지에 대한 정의가 필요하여 [그림 15-6]과 같이 상품 속성이라는 값에 대한 정보를 별도로 관리하는 메타 성격의 엔터티가 사용된다. 실제 데이터가 저장되는 형태는 [그림 15-7]을 보면 쉽게 이해될 것이다.

그림 15-6 상품의 속성별 메타 정보를 담는 엔터티

상품속성메타
□ # 속성번호
□ ㅇ 속성명
□ ㅇ 컬럼명
□ ㅇ 인포타입명

그림 15-7 〈상품속성메타〉 엔터티에서 데이터가 쌓이는 형태

상품속성메타

속성번호	속성명	컬럼명	인포타입
101	비과세여부	문자속성1	CHAR1
102	상품등록일자	문자속성2	CHAR8
103	최소신규연령	숫자속성1	NUM3
104	최대입금금액	숫자속성2	NUM18

상품

상품코드	상품명	상품구분	판매시작일자	판매종료일자	문자속성1	문자속성2 ...
A01	수신상품1	정기예금	20150101	99991231	N	20141011
A02	수신상품2	적립식예금	20150102	99991231	N	20100505
A03	수신상품3	외화예금	20150103	99991231	Y	20040914

이러한 형태의 메타 구조는 Alter Table에 의한 테이블과 프로그램 변경을 최소화하고자 할 때 사용할 수 있는 구조로, 패키지 솔루션에서 즐겨 사용된다.

앞서의 속성 메타 구조와의 차이는 상품의 속성이 컬럼(문자속성1, 문자속성2, ...)으로 구조에 명확히 드러나 있다는 점이다. 좀 더 RDB 사상에 근접한 구조로, 사람이 보기 편하게 하기 위해 행을 열로 되돌리는 작업에 따른 성능 부하가 없으니 현실적으로 수용할 만한 구조라 할 수 있다. 이 구조는 각 속성을 상품별로 다른 의미로 사용할 수 있어서 유연성을 한층 더 높일 수 있다. 물론 상품별 속성의 의미를 메타적으로 관리해야 한다.

마지막으로 좀 더 높은 유연성이 요구되는 환경에서 사용할 수 있는 구조를 하나 더 살펴보자(그림 15-8).

앞서 속성 변화가 심한 경우 이를 구조에 미리 정의하지 않고 행을 추가하는 방식으로 접근한 것처럼, [그림 15-8]은 엔터티 역시 필요할 때 행으로 등록해서 사용할 수 있는 유연한 구조다. 이 모델의 가장 큰 특징은 엔터티 자체를 구체적으로 정의하지 않고 〈엔터티정의〉, 〈엔터티속성정의〉 등의 엔터티를 활용하여 필요할 때 엔터티 구조를 값으로 만들어 사용한다는 점이다.

그림 15-8 엔터티를 행으로 정의하는 메타 구조

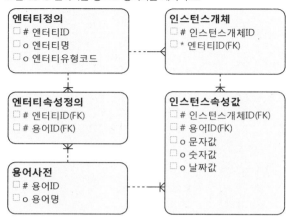

〈엔터티정의〉 엔터티에는 '고객', '수신거래'와 같은 구체적인 엔터티명만을 기술한다. 만약 단위 시스템에 1,000개의 엔터티가 있으면 1,000개의 행을 모두 여기에 기술하면 된다. 〈용어사전〉 엔터티는 사용하는 속성의 유일한 명칭을 관리한다. 통상적으로 메타데이터 관리시스템에서 관리하는 표준용어 자료사전이 이에 해당한다. 〈엔터티속성정의〉 엔터티는 말 그대로 엔터티에 들어가는 속성 정보를 관리한다.

그림에서 왼쪽의 엔터티들은 값에 대한 메타 구조를 정의하는 영역이다. 반면 오른쪽은 실제 값을 정의하는 영역이다. 예를 들어 〈엔터티정의〉에서 '통합상품'이라는 엔터티가 하나의 레코드로 정의되었다고 하자. 상품 코드가 'A001'이고 상품명이 '참좋은다이렉트예금'인 상품이 추가될 경우 〈인스턴스개체〉 엔터티에는 해당 상품에 대한 1개의 행(레코드)이, 〈인스턴스속성값〉 엔터티에는 '상품명', '상품구분코드'와 같은 상품의 속성값에 해당하는 3개의 행이 저장된다.

그림 15-9 엔터티를 행으로 정의하는 메타 구조의 데이터 사례

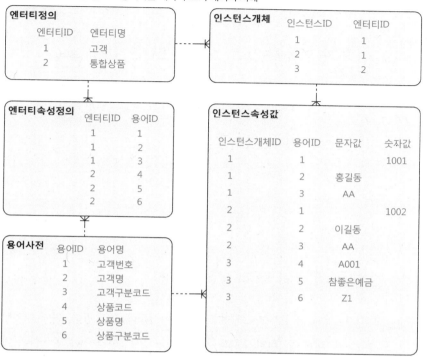

엔터티정의	
엔터티ID	엔터티명
1	고객
2	통합상품

인스턴스개체		
	인스턴스ID	엔터티ID
	1	1
	2	1
	3	2

엔터티속성정의	
엔터티ID	용어ID
1	1
1	2
1	3
2	4
2	5
2	6

용어사전		
	용어ID	용어명
	1	고객번호
	2	고객명
	3	고객구분코드
	4	상품코드
	5	상품명
	6	상품구분코드

인스턴스속성값			
인스턴스개체ID	용어ID	문자값	숫자값
1	1		1001
1	2	홍길동	
1	3	AA	
2	1		1002
2	2	이길동	
2	3	AA	
3	4	A001	
3	5	참좋은예금	
3	6	Z1	

위 구조는 매우 높은 유연성을 요구하는 솔루션의 내부 저장소repository에서 사용되기도 한다. 하지만 유연성 극대화에는 구현 난이도 증가, 성능 저하 등이 뒤따르게 마련이다. 따라서 유연성을 위해 다른 부분을 희생해야 하는 극한 상황이 아니라면 적용하기 전에 충분한 검토가 필요하다.

Story 16

정보시스템에서 코드란 무엇인가

나는 코드를 정확히 알고 있는 걸까

우리는 모든 정보가 데이터로 코드화되어 입력되는 세상에 살고 있다. 과거에는 업무의 전산화는 곧 업무 데이터의 코드화를 의미했을 만큼 코드는 중요한 영역임에 틀림없다. 그렇다면 정보시스템에서 말하는 '코드'란 과연 무엇일까? 정보시스템 종사자 중 코드를 모르는 사람은 없겠지만, 사람들마다 이해하는 관점과 수준이 다르므로 별도의 스토리를 할애해서 코드의 개념과 코드 모델 관리 방안을 정리해보려한다. 만약 상품 개체를 식별하는 고유값을 '상품 코드'라고 해야 하는지 '상품 번호'라고 해야 하는지 고민해본 경험이 있는 독자라면 반가운 내용이 펼쳐질 것이다. 이스토리가 코드의 본질에 대해 명확히 이해하는 계기가 되기를 기대한다.

있는 그대로 사용하기 불편한 정보는 종종 약속된 간단한 기호 체계로 압축해서 사용하기도 하는데, 이때 약속된 모습의 기호가 바로 코드다. 데이터 모델에서는 정보를 속성 단위로 입력하니, 결국 속성의 값을 기호로 변환한 것이 코드다.

그런데 속성의 코드화는 왜 필요할까? 정보를 그대로 사용하면 불편하다는 것은 어떤 의미일까?

앞서 [표 14-1]은 이메일을 의미하는 값 표현 방법이 다양해서 추후 집계할 때 문제가 생길 여지가 많았다. 집계는 그룹핑을 의미하며, 그 그룹핑이 바로 코드화의 목적이다. 따라서 집계가 필요한 속성 데이터를 기호화하여 표준 코드로 관리하게 된다.

그 외에도 애플리케이션의 화면 수준에서 데이터를 유형화하여 조회하려는 목적도 있을 수 있고, 프로그램 소스 코드 수준에서 로직 분기를 위해서도 코드는 필요하다. 물론 짧게 압축시켜 가독성을 높이고 저장 공간의 효율성을 도모하는 등의 효과도 있다. 어쨌든 코드의 본질은 값의 분류, 즉 범주화의 도구로 이해해야 한다.

코드인 것과 코드가 아닌 것, 코드 속성과 식별자 속성

〈상품코드〉와 〈부서코드〉는 과연 코드일까? 또 그 판단의 기준은 무엇일까? 어떤 보험 회사는 상품의 종류가 100가지인데 그 모두를 이름으로 구분하려니 불편하여 PDT001 ~ PDT100의 값을 할당하고 이를 〈상품코드〉라 정의했다고 하자. 비록 〈상품명〉이라는 속성값을 〈상품코드〉로 기호화한 것일지라도 이는 코드라 할 수 없다. 반면 상품을 저축성, 보장성, 연금성이라는 범주로 분류하기 위한 〈보험상품유형코드〉 속성은 코드에 해당한다. 그 이유는 무엇인지, 그리고 코드인 것과 코드가 아닌 것을 왜 구분해야 하는지 알아보자.

코드인지 판별하는 핵심은 식별자와 코드를 구분하는 것이다. 〈상품코드〉와 〈부서코드〉는 코드가 아닌 식별자 속성에 해당한다. **식별자**란 엔터티의 개별 인스턴스를 유일하게 식별하는 방법을 제공하는 장치다. 일반적으로 기본 키(PK)가 이에 해당한다. 반면 **코드**는 오로지 릴레이션의 튜플들에 대한 특정 기준 중심의 분류로 사용되는 것을 의미한다. 분류를 위한 도구지 집합의 개체가 생성되고 쌓이는 기준은 아니라는 것이다.

이러한 맥락에서 식별자와 코드를 구분하기 위해 도메인이나 속성 명칭 뒤에 식별자에는 'ID'나 '번호'를 붙이고, 코드에는 '코드'를 붙이는 명명법이 최근의 추세다. 따

라서 [그림 16-1]의 왼쪽 〈부서코드〉 엔터티는 오른쪽과 같이 표준화하는 것이 바람직하다.[1]

그림 16-1 현장에서 흔히 사용하는 명명법(왼쪽)과 권장 명명법(오른쪽)

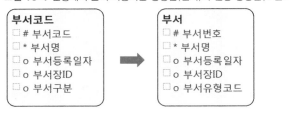

〈부서코드〉 엔터티는 같은 이름의 식별자 속성 외에도 부서장 정보 등의 부가 속성을 관리하는 개체 집합이므로 '부서'라는 이름이 더 명확하다. 또한 〈부서코드〉 속성은 단순 식별자에 해당하므로 '부서번호'라는 이름이 바람직하며, 부서의 범주(영업, 재무, 인사, 연구 조직 등)를 관리하기 위한 〈부서구분〉 속성은 코드임이 명확히 드러나는 이름인 '부서유형코드'가 적합하다.

그렇다면 이렇게 코드와 식별자를 구분하는 것이 모델링을 함에 있어 어떤 이점을 가져다주는 것일까? 이를 이해하려면 먼저 공통코드 테이블과 개별코드 테이블을 이해해야 한다.

공통코드는 어떻게 만들어졌는가

[표 16-1]은 교육행정 정보를 관리하는 시스템의 통합코드 정의서의 일부다. 이를 테이블로 관리하면 우리가 흔히 말하는 전사 공통코드 테이블인 것이다. 이를 [그림 16-2]의 왼쪽과 같이 〈고등학교종류코드〉, 〈학교설립구분코드〉와 같은 개별코드 테이블로 만든 것과는 어떤 차이가 있을까?

---

1 이 명명 체계가 기존 표준과 다르면 혼란을 일으킬 수 있으니, 운영 중일 때보다는 정보시스템의 전면 재구축 시점에 적용할 것을 추천한다.

표 16-1 통합코드 정의서

분류코드	분류코드명	코드 ID	코드명	비고
1001	고등학교종류코드	01	일반고등학교	
		02	체육고등학교	
		03	과학고등학교	
		...		
1002	학교설립구분코드	1	국립	
		2	공립	
		3	사립	

그림 16-2 개별코드로 정의한 경우(왼쪽)와 공통코드로 등록하여 속성으로 사용하는 경우(오른쪽)

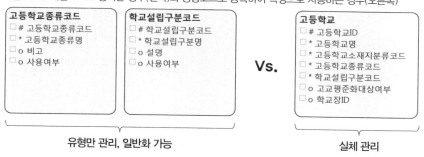

공통코드는 코드 성격의 개별 테이블들을 한 단계 더 추상화하여 한 곳에 모아놓은 것이다. 개별 목록 테이블의 주 식별자가 코드 성격이며 부가 속성 정보가 많지 않다면 〈코드값〉과 〈코드명〉 정도의 간결한 속성만으로 통합해서 일반화하면 많은 장점을 취할 수 있다.[2] 크게 보면 코드 성격의 기준 데이터가 통합 관리됨으로써 등록, 참조, 분배 등 관리상의 이점이 있고, 자주 사용되는 코드 정보가 하나의 테이블로 응집되고 메모리에 상주하여 성능상 이점도 기대할 수 있다. 개별코드를 일반화하여 통합하기 위해서는 구분자에 해당하는 분류 코드(코드ID) 속성이 필요한데, 이것이 개별코드와 공통코드의 차이다.

앞서 살펴본 예를 하나 상기해보자. [그림 14-13]에서 〈사원〉의 〈최종학력코드〉 속성 때문에 공통코드 테이블과 관계선을 긋는 것은 잘못된 것이라고 했다. 참조무

---

2 이 부분은 통합과 분리의 일반적 맥락에서 이해해도 좋다.

결성 관계가 없기 때문이다. 참조무결성 관계가 없는 이유는 〈사원〉 테이블에서 관리하는 값과 공통코드 테이블의 값이 서로 차원이 다르기 때문이다. 〈사원〉 테이블에서 〈최종학력코드〉는 속성 수준에서 값이 관리되지만 공통코드에서는 값으로 관리되고 있다. 속성이라는 구조가 값으로 숨어버린 셈이다. 이것이 차원이 다르다는 증거다.

공통코드로 설계와 개별코드로 설계

앞 절에서 〈고등학교종류코드〉와 〈학교설립구분코드〉는 개별코드가 아닌 공통코드로 설계하여, 개별 고등학교의 실체를 관리하는 〈고등학교〉 엔터티의 속성으로 참조하도록 설계하는 것이 바람직하다. 그 이유를 구체적으로 살펴보자.

이름이 '코드'로 끝나는 속성은 공통코드거나 개별코드 속성이다.
외부코드일 수도 있는데, 외부코드란 대외 연계 등을 위해
외부에서 정의해 참조만 하게 되는 유형을 말한다.

〈고등학교종류코드〉와 〈학교설립구분코드〉는 학교 유형을 구분하여 관리하기 위한 그룹핑(범주화) 역할만을 한다. 즉, '서울고등학교'나 '용산고등학교'와 같은 개별 고등학교 실체를 어떻게 묶을 것인가에만 관심이 있는 것이다. 이는 해당 테이블에서 추가로 관리하려는 속성만 보아도 알 수 있다. 반면 〈고등학교〉 테이블은 고등학교 실체를 관리하는 집합이다. 실제 개체들의 집합은 엔터티로 별도로 관리하는 것이 바람직하다. 물론 단순 유형 범주화를 위한 코드지만 함께 관리해야 하는 부가 속성이 많은 경우에도 별도 엔터티로 정의할 수 있다. 다만 개별 관리되는 코드 성격의 테이블이 많아질수록 관리가 어려워지며 시스템의 복잡도는 증가할 수밖에 없다. 따라서 거버넌스 관점에서는 최소한으로 통제하는 것이 좋다.

또한 실체를 관리하면서 관리하는 속성이 명칭 정도의 범위라면 공통코드 테이블로도 관리할 수 있을 것이다. 더불어 단순코드 속성이지만 코드값 간의 계층 관계나 부분집합을 관리해야 하는데 공통코드에서 이를 지원하지 못한다면 개별코드로 설계해야 할 것이다.[3]

우리가 어떤 것을 분류할 때는 분류 자체가 목적일 수도 있지만, 분류라는 틀이 그 대상을 더 이해하기 쉽게 만든다는 이점도 있기 때문이다. 코드인 것과 코드가 아닌 것(식별자 속성)을 구분해야 하는 이유도 유사하다. 엔터티와 속성을 이해하고 명확히 정의하는 도구로서 필요한 것이다. 식별자 속성은 일반적으로 개별 테이블의 기본 키로 구현되지만, 코드 속성은 전사 공통코드로 보통은 메타데이터 관리시스템에서 관리된다. 또한 식별자 속성은 실제 업무 행위에 의해 값이 생성되는 경우가 많지만, 코드 속성은 IT조직 내에서 자료사전으로 관리되는 것이 일반적이다. 이것이 식별자 속성과 코드 속성을 구분해야 하는 이유다.

코드에 대해 충분히 이해되었다면 공통코드를 관리하는 모델 구조의 대표적인 유형 몇 가지를 살펴보기로 하자.

---

3 코드 간 계층구조와 부분집합 관리 방법은 다음 절에서 설명할 것이다.

공통코드는 어떻게 관리해야 하나

공통코드를 관리하는 방법은 다양하다. 이번 절에서는 전형적인 모델 구조 몇 가지를 살펴보고, 다음 절에서는 실제 현장에서 꼭 한 번씩 언급되는 팀별 코드의 부분집합 관리, 코드 간 계층구조 관리를 위한 모델 구조에 대해서도 알아볼 것이다.

[그림 16-3]은 공통코드를 관리하기 위한 일반적인 구조다. 각 엔터티로 관리되는 값의 예는 [표 16-2], [표 16-3]과 같다. 보는 것처럼 〈공통코드값〉 엔터티는 개별코드의 구체적인 값을 관리하게 된다.

그림 16-3 공통코드 관리를 위한 일반적인 구조

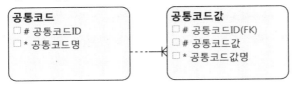

표 16-2 〈공통코드〉 엔터티의 값 예시 #1

공통코드ID	공통코드명
1001	고등학교종류코드
1002	학교설립구분코드

표 16-3 〈공통코드값〉 엔터티의 값 예시 #1

공통코드ID	공통코드값	공통코드값명
1001	01	일반고등학교
1001	02	체육고등학교
1001	03	과학고등학교
1001	…	…
1002	1	국립
1002	2	공립

과거에 코드북Code Book이라 부르며 널리 사용한 형태인데, 이 구조에는 아킬레스건이 하나 존재한다. 바로 테이블의 코드 속성과 〈공통코드〉 테이블의 〈공통코드ID〉

와의 연결 고리가 없다는 점이다. 다음 SQL 문을 살펴보자.

```
SELECT ~~
FROM   업무테이블 A,  공통코드값 B
WHERE  A.사용여부 = 'Y'
   and A.고등학교종류코드 = B.공통코드값
   and B.공통코드ID = '1001';
```

이처럼 B.공통코드ID = '1001'이라는 조건을 사용하기 위해서는 〈공통코드〉 영역에서 〈고등학교종류코드〉의 〈공통코드ID〉가 1001임을 사전에 알고 있어야 한다. 이러한 문제를 해결하기 위해 구조는 동일하지만 〈공통코드ID〉를 [표 16-4]와 [표 16-5]처럼 관리하기도 한다.

표 16-4 〈공통코드〉 엔터티의 값 예시 #2

공통코드ID	공통코드명
HSH_TYP_CD	고등학교종류코드
SCH_ETB_PTN_CD	학교설립구분코드

표 16-5 〈공통코드값〉 엔터티의 값 예시 #2

공통코드ID	공통코드값	공통코드값명
HSH_TYP_CD	01	일반고등학교
HSH_TYP_CD	02	체육고등학교
HSH_TYP_CD	03	과학고등학교
HSH_TYP_CD	…	…
SCH_ETB_PTN_CD	1	국립
SCH_ETB_PTN_CD	2	공립

〈공통코드ID〉에 무의미한 일련번호 인조 식별자 대신 코드 속성의 영문 컬럼명을 사용한 것이다. 고유하게 관리되는 영문 컬럼명을 〈공통코드ID〉로 사용하여 코드 속성과 공통코드와의 논리적 연결 고리를 만들었다. 그 결과 SQL 작성이 더 편해질 수 있다. 어떻게 달라졌는지 직접 확인해보자.

```
SELECT ~~
FROM   업무테이블 A, 공통코드값 B
WHERE A.사용여부 = 'Y'
   and A.고등학교종류코드 = B.공통코드값
   and B.공통코드ID = 'HSH_TYP_CD';  /* 고등학교종류코드 */
```

스토리 13에서 살펴본 것처럼 최근에는 메타데이터 관리시스템이 널리 적용되면서 표준 단어·용어와 더불어 코드 역시 메타데이터 관리시스템에서 통합 관리되는 추세다.[4]

코드 간 계층구조와 부분집합도 관리할 수 있을까

🧑 **나한빛**: 수석님. 코드 등록과 유지보수를 팀별로 관리하게 해달라는 요구사항이 있는데요, 문제는 전체 코드 중 부분집합 A는 A팀, 부분집합 B는 B팀이 관리하겠다는 형태라 딱히 방안이 떠오르지 않네요.

🧑 **정수석**: 메타데이터에 대한 관리와 소유권을 명확히 하려는 조직일수록 그런 요구사항이 나오게 마련이지. 방법은 있는데, 다만 지속적으로 잘 관리하기가 만만치 않다는 점이 문제지. 왜냐하면 부분집합은 팀별로 할당될 테지만, 전체집합을 끝까지 잘 유지하기가 쉽지 않거든.

🧑 **나한빛**: 흠... 어떤 구조로 관리할 수 있는지 궁금해지네요.

🧑 **정수석**: 일단 전체 코드의 부분집합을 관리할 수 있는 구조를 설명해줄게. 비교적 간단하지. 개인적으로 통합코드를 이렇게 전체집합과 부분집합으로 나누고 일관성 있게 관리하는 것은 굉장히 어렵다고 봐. 실패도 몇 번 경험했고. 부분집합 관리가 필요한 코드는 별도로 관리하는 게 바람직하고, 통합코드는 단순하게 설계해서 지속적으로 현행화할 수 있도록 하는 것이 현실적인 방안이 아닐까 생각하는데. 나선임도 고민 좀 해보라고.

---

4 대부분의 상용 메타데이터 관리시스템은 코드를 도메인의 개념으로 관리하지만, 코드는 도메인이 아닌 용어 수준에서 관리하는 것이 바람직하다. 물론 이를 위해서는 용어 간의 계층구조와 원천(Source) 용어 관리 기능이 지원되어야 한다. 예를 들어 〈입금은행코드〉와 〈출금은행코드〉의 원천 용어는 〈은행코드〉가 되는 식이다.

[그림 16-4]는 전체집합과 부분집합을 계층구조로 관리하기 위해 〈공통코드〉 엔터티에 재귀recursive 관계를 추가한 것이다. 이 모델의 각 엔터티에 들어가는 값의 예는 [표 16-6], [표 16-7]과 같다.

그림 16-4 공통코드를 계층구조로 관리하기 위한 구조

표 16-6 〈공통코드〉 엔터티의 값 예시 #3

공통코드ID	공통코드명	상위공통코드ID
1001	고등학교종류코드	NULL
1002	고등학교A코드	1001
1003	고등학교B코드	1001

표 16-7 〈공통코드값〉 엔터티의 값 예시 #3

공통코드ID	공통코드값	공통코드값명
1001	01	일반고등학교
1001	02	체육고등학교
1001	03	과학고등학교
1002	01	일반고등학교
1002	03	과학고등학교
1003	02	체육고등학교

〈공통코드ID〉가 1001인 통합된 전체집합이 존재하며, 이를 기반으로 필요한 코드의 부분집합은 별도로 등록한다. 이때 코드값 전체집합을 가리키는 〈상위공통코드ID〉를 관계로 지정하게 된다.

여기에 '고등학교C코드'라는 하위 코드를 새로 등록해야 한다고 해보자. 이때 '고등학교C코드'에는 '일반고등학교'와 '특성화고등학교'라는 코드값을 포함해야 하는 상황이다. 그렇다면 다음 순서로 데이터를 추가하면 된다.

1. '특성화고등학교'라는 코드값이 '고등학교C코드'의 모집합인 '고등학교종류 코드'에는 없으므로, 이를 먼저 추가해야 한다. '고등학교종류코드'의 〈공통 코드ID〉인 1001에 〈공통코드값〉은 04, 〈공통코드값명〉은 '특성화고등학 교'인 개체를 추가한다.

2. 다음으로 〈공통코드〉에 '고등학교C코드'를 추가한다. 이때 〈공통코드ID〉는 1이 증가해서 1004가 되고, 〈상위공통코드ID〉는 모집합인 '고등학교종류 코드'의 코드ID인 1001이 된다.

3. 마지막으로 '고등학교C코드'의 상세 정보로 〈공통코드값〉 엔터티에 '일반고 등학교'와 '특성화고등학교'를 추가하면 된다. 이때 〈공통코드ID〉는 1004, 공통코드값은 순서대로 01과 04가 된다.

이렇게 만들어진 결과는 [표 16-8]과 [표 16-9]에서 확인할 수 있다.

표 16-8 〈공통코드〉 – '고등학교C코드' 추가

공통코드ID	공통코드명	상위공통코드ID
1001	고등학교종류코드	NULL
1002	고등학교A코드	1001
1003	고등학교B코드	1001
1004	**고등학교C코드**	**1001**

표 16-9 〈공통코드값〉 – '고등학교C코드'의 상세 코드값 추가

공통코드ID	공통코드값	공통코드값명
1001	01	일반고등학교
1001	02	체육고등학교
1001	03	과학고등학교
1001	**04**	**특성화고등학교**
1002	01	일반고등학교
1002	03	과학고등학교
1003	02	체육고등학교
1004	**01**	**일반고등학교**
1004	**04**	**특성화고등학교**

물론 이 방법에는 몇 가지 문제가 있다. 무엇보다 관리하기가 쉽지 않다. 부분집합의 합이 전체집합이어야 하는데 전체집합과 부분집합의 일관성이 깨질 위험이 높다. 또한 최상위 코드 집합의 소유권 역시 애매할 수 있다.

코드의 부분집합을 관리하는 방법은 이 모델을 응용해서 상당히 다양한 형태로 구현할 수 있다. 부분집합 코드 모델과 유사하지만 조금 다른 개념인 코드값의 계층구조 관리를 위한 코드 모델을 하나 더 살펴보기로 하자.

[그림 16-5]는 코드값 수준에서 코드값 간의 계층 관계를 관리할 수 있는 모델이다. [표 16-10]과 [표 16-11]의 구체적인 데이터를 보며 구조를 따라가 보면 그 의미를 어렵지 않게 이해할 수 있을 것이다.

그림 16-5 코드값 수준에서의 계층구조를 관리하는 모델

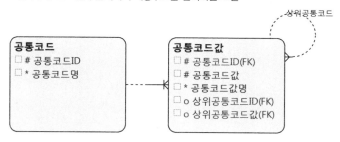

표 16-10 〈공통코드〉 엔터티의 값 예시 #4

공통코드ID	공통코드명
1001	은행상품분류코드

표 16-11 〈공통코드값〉 엔터티의 값 예시 #4

공통코드ID	공통코드값	공통코드값명	상위공통코드ID	상위공통코드값
1001	01	수신	NULL	NULL
1001	02	여신	NULL	NULL
1001	03	퇴직연금	1001	01
1001	04	예적금	1001	01
1001	05	투자신탁	1001	01
1001	06	기업여신	1001	02

코드를 잘 정의하는 일은 무척 중요하지만 그리 쉽지 않다. 적절한 추상화 수준으로 분류하고 정의한 코드를 기반으로 개발을 시작하고 운영하면 그렇지 않은 경우보다 생산성이 월등히 높을 수밖에 없다. 코드가 정보시스템의 절반이기 때문이다. 따라서 코드 정의를 단순히 표준화 영역으로 가볍게 취급하는 것은 바람직하지 않다. 앞서 데이터 표준화가 속성 모델링의 일부라고 설명한 것처럼, 코드 정의 역시 모델링의 중요한 과정으로 이해해야 한다.

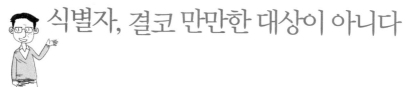

식별자, 결코 만만한 대상이 아니다

미묘한 식별자의 세계

[그림 17-1]의 모델 #1은 사원별 그룹웨어ID와 비밀번호 등을 관리하기 위한 구조
다. 만약 여러분에게 이 모델의 적정성을 검토해달라고 요청한다면, 여러분은 어떤
평가를 하겠는가? 이상한 점을 발견했는가? 이 구조를 분석하기 전에 주 식별자의
구성이 조금 다른 [그림 17-2]의 모델 #2를 먼저 살펴보도록 하자.

그림 17-1 모델 #1 – 이 모델의 적정성을 평가해보자.

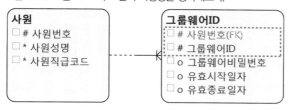

그림 17-2 모델 #2

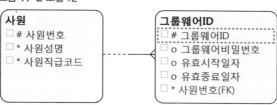

〈그룹웨어ID〉 엔터티에서 〈그룹웨어ID〉 속성은 유일하게 관리된다. 〈그룹웨어ID〉가 주 식별자 속성이기 때문이다. 〈사원〉과 〈그룹웨어ID〉는 1:N 관계이므로 한 사원은 여러 그룹웨어ID를 사용할 수도 있다. 하지만 〈유효종료일자〉가 지나서 사용이 만료된 경우라도, 즉 아무도 사용하지 않고 있더라도 다른 사원이 이 〈그룹웨어ID〉를 재사용할 수 없는 구조다. 재사용할 수 있다는 업무 규칙을 지원하려면 M:N 관계가 되어 관계 엔터티를 추가로 식별해내야 한다.

모델 #2의 〈그룹웨어ID〉 엔터티를 잘 관찰해보면 정체성에 다소 문제가 있어 보인다. 첫째는 '그룹웨어ID'라는 이름이 엔터티명과 속성명 모두에 쓰이고 있다. 그 외 속성까지 모두를 아우르는 집합의 명칭으로는 '그룹웨어ID'보다는 '그룹웨어계정'이 더 적절할 것이다. 더불어 〈유효시작일자〉와 〈유효종료일자〉 속성은 계정 자체의 본질적 속성이라기보다는 해당 계정을 사용하는 사원이 사용하기 시작하고 끝내는 일자라는 개념이므로 속성의 위치 역시 고민이 필요하다. 이는 상품의 생산일과 유통기한은 상품 자체의 본질 속성이지만, 해당 상품의 사용 시작일과 사용 종료일은 그 상품을 구입한 사람과 사용 행위에 종속되는 속성인 것과 같다.

따라서 이 모델은 [그림 17-3]과 같이 주체와 행위를 좀 더 엄격히 분리하여 정규화할 수 있을 것이다.

그림 17-3 모델 #3 - 주체와 행위를 명확히 구분

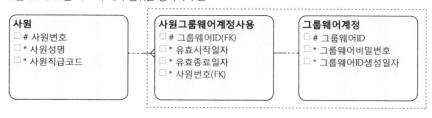

모델 #3은 〈사원〉 개체가 〈그룹웨어계정〉 개체를 대상으로 '계정사용'이라는 '행위'를 한 것을 명확히 드러내고 있다. 이쯤에서 눈치를 챈 독자도 있겠지만, 사실 모델 #3에서 〈사원그룹웨어계정사용〉 엔터티와 〈그룹웨어계정〉 엔터티는 1:1의 관계이므로 이것을 통합한 형태가 바로 모델 #2인 셈이다. 결국 모델 #2의 〈그룹웨어ID〉 엔

터티는 행위의 대상 개체인 〈그룹웨어계정〉의 속성과 계정 사용이라는 행위 개체의 속성이 혼재된 모호한 집합이므로 모델 #3의 형태가 더 바람직하다고 할 수 있다. 물론 모델 #3은 〈그룹웨어계정〉과 〈사원그룹웨어계정사용〉이 1:1 관계이므로 사용 종료된 계정을 다른 사원이 재사용할 수 없음을 모델 #2보다 잘 드러내고는 있다.[1]

다시 처음의 모델 #1로 돌아가 보자. 앞서 설명한 모델 #2의 문제점이 이제는 보여야 한다. 모델 #1에는 중요한 문제가 하나 더 있다. **여러 사원이 같은 〈그룹웨어ID〉를 동시에 사용**할 수 있는 구조인 것이다. 의도한 바는 없더라도 그러한 데이터가 들어올 수 있는 구조라는 것이 문제다.

주 식별자가 〈사원번호〉와 〈그룹웨어ID〉가 결합된 복합 식별자이기 때문에, 모델 #1은 〈그룹웨어ID〉가 공유되는 사태를 관계나 식별자의 제약으로 막지 못한다는 것이 중요하다. 따라서 〈그룹웨어ID〉 엔터티의 주 식별자는 〈그룹웨어ID〉 속성뿐이고 〈사원번호〉 속성은 일반 속성으로 관리되어야 한다.

모델 #1과 같이 주 식별자를 잘못 정의하는 사례를 현장에서도 자주 발견하게 된다. 이유를 물어보면 대답은 십중팔구 다음과 같았다.

1: 어차피 사원이 사용하는 그룹웨어ID니까 사원번호+그룹웨어ID가 무난하다 생각했어요.

2: 다른 사원이 같은 그룹웨어ID를 동시에 사용할 수 있는 값이 들어오리라고는 전혀 생각지 못했어요.

3: SQL로 조회할 때 사원번호와 그룹웨어ID가 자주 함께 사용되거든요. 그래서 묶어서 기본 키로 만들려고...

4: 그런데요. 말씀하신 것처럼 잘못된 데이터가 들어올 일은 거의 없어요. 걱정하지 마세요.

〈그룹웨어ID〉 속성만으로 엔터티의 인스턴스를 명확히 식별할 수 있음에도 〈사원번호〉라는 속성을 추가하여 주 식별자를 정의한 경우, 이를 슈퍼식별자super identifier 라고 부른다. 슈퍼식별자는 엄연히 식별자의 역할은 하기 때문에, 게다가 조회 요건에

---

1 〈사원그룹웨어계정사용〉 엔터티의 〈사원번호〉 속성값을 변경할 수도 있으니 구조적으로 강제하지는 못한다. 이런 경우 애플리케이션 로직에서 처리해야 한다.

해당하는 속성을 하나의 인덱스에 포함할 수 있는 커버링 인덱스^{covering index}로서의
효용도 있어 실무에서도 흔히 만들어지는 경향이 있는데, 바람직하지 않다.

슈퍼식별자는 앞선 사례처럼 업무 요건에 부적합한 데이터가 쌓일 수 있는 구조를
만드는 빌미를 제공하며, 엔터티의 인스턴스가 늘어나는 기준을 불명확하게 만들어
모델의 가독성을 훼손한다. 따라서 주 식별자는 데이터를 쌓는 기준이자, 동시에 엔터
티 안에 존재하는 모든 속성의 결정자 역할을 하는 최소한의 속성(혹은 속성의 묶음)
이어야 한다. 이러한 주 식별자의 개념은 데이터 모델링에서 굉장히 중요함에도 불구
하고 현장에서는 의외로 소홀히 다뤄지며, 슈퍼식별자를 남용하는 것이 왕왕 목격된
다. 이 경우 데이터 무결성이 깨질 수 있어 바람직하지 않으므로 주의해야 한다.

당신이 알고 있던 것보다 넓고 깊은 주 식별자의 의미

주 식별자는 결국 테이블의 PK로 구현되니 '주 식별자 = PK'로 이해하면
되지만, 까칠하게 보면 주 식별자의 역할과 의미도 여러 가지가 될 수
있으므로 모델러라면 그 의미들을 모두 명확히 이해하고 있어야 한다.

주 식별자는 정규화 이론의 함수 종속성과 깊이 관련되어 있다. 주 식별자는 정규화의 기준으로 속성들에 대한 결정자 역할을 수행한다. 다시 말해 엔터티가 포함한 일반 속성들은 주 식별자에 완전히 종속되어야 한다. 결국 주 식별자는 데이터 집합을 성격에 맞게 분리하는 기준이다.

그리고 주 식별자는 엔터티에서 중복이 발생하지 않는 유일한 값을 가져야 한다. 논리 모델의 주 식별자는 물리 모델에서 기본 키가 되므로 당연한 얘기다. 엔터티에서 데이터의 유일성을 보장해주는 속성(혹은 속성의 묶음)은 한 개 이상일 수 있으며, 전략적으로 이 중 하나만을 주 식별자로 선택한다. 어쨌든 주 식별자는 엔터티에서 인스턴스의 유일성을 보장해준다. 다시 말해 주 식별자는 엔터티에서 데이터가 증가하는 규칙을 설명해준다. 엔터티의 인스턴스가 쌓이는 업무 규칙을 주 식별자를 통해 확인할 수 있다. 다음 예를 살펴보자.

[그림 17-4]에서 〈상품주문〉의 주 식별자는 주문 행위의 주체와 대상에 해당하는 〈고객〉과 〈상품〉 엔터티에 대한 관계 속성인 〈고객번호〉와 〈상품번호〉, 여기에 〈주문일자〉까지 세 개의 속성으로 구성되어 있다. 주 식별자의 구성으로만 보면 고객은 동일 상품을 하루에 단 한 번만 주문할 수 있다. 고객이 동일 상품을 하루에 두 차례 이상 주문 가능하다는 업무 규칙이 있다면 이 주 식별자 구성은 잘못된 것이다. 이와 같이 주 식별자는 해당 엔터티에 데이터가 쌓이는 규칙과 일치해야 한다.[2]

그림 17-4 〈상품주문〉의 주 식별자가 한 고객이 동일 상품을 하루 한 번만 주문할 수 있도록 제한한다.

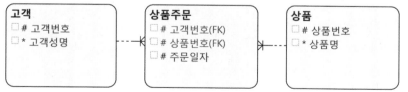

주 식별자가 엔터티의 인스턴스가 증가하는 규칙과 일치한다는 것은, 결국 엔터티 데이터의 성격과 정체성을 그대로 드러낸다는 의미가 된다. 성격과 주제를 표현하는

----

2 이 설명은 인조 식별자가 아닌 업무 식별자를 그대로 주 식별자로 사용하는 형태에 적용된다.

대표적인 것은 이름이므로 결국 주 식별자, 엔터티 데이터의 성격, 엔터티명은 모두 한몸인 셈이다. 간단한 예를 하나 더 살펴보자.

[그림 17-5]의 〈사원A〉 엔터티는 주민등록번호가 같은 사람을 다른 사원으로 인식하지 않겠다는 의미를 내포한다. 반면 〈사원B〉 엔터티에서는 주민등록번호가 같은 사람이 사원번호를 달리하여 데이터적으로는 다른 개체로 인식될 수 있다. 예를 들어 홍길동이 퇴사 후 재입사하여 사원번호를 다시 할당받은 경우 홍길동에 대한 인스턴스가 2개가 될 수 있다. 〈사원A〉 엔터티는 인간 개체의 사회적 식별자인 주민등록번호를 주 식별자로 사용하여 이와 같은 형태의 관리는 불가능하다.

그림 **17-5** 다양한 주 식별자를 갖는 사원 모델들

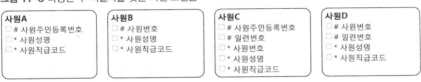

그런데 사실 드물기는 하지만 주민등록번호는 변경되는 경우도 있고 개인 정보 보호 등의 보안 문제도 있어 주 식별자로는 바람직하지 않다. 이에 주민등록번호에 〈일련번호〉 속성을 추가하여 〈사원C〉와 같은 형태로 주 식별자를 구성했다고 하자. 역시 주 식별자에 주민등록번호가 포함되어 있어 바람직하지는 않으나, 재입사 시 일련번호만 증가시켜 기존 사원번호를 그대로 사용할 수 있는 장점은 있다.

끝으로 〈사원D〉 엔터티를 보자. 주민등록번호를 식별자에서 제거하였고 동일인 인식 문제와 재입사 시 기존 사원번호 재사용 문제도 해결된 듯 보인다. 그렇지만 〈일련번호〉 속성이 추가되면서 해당 엔터티의 정체성이 사원번호의 이력 관리 집합처럼 다소 모호해졌다. 또한 사원이라는 엔터티명과 실제 인스턴스로 쌓이는 개체의 성격에도 다소 차이가 생기게 되어 결코 바람직한 형태라고는 할 수 없다.

다시 주지하면, 주 식별자는 엔터티의 인스턴스가 증가하는 규칙을 의미하면서 동시에 엔터티 개체의 정체성 그 자체다. 더불어 주 식별자는 관계를 갖는 다른 엔터티의 조인 경로에도 영향을 줄 수 있다. 이는 잠시 후에 별도로 확인해보자.

이처럼 다양한 주 식별자 구성의 미묘한 차이를 이해하고 올바르게 사용하도록 세심한 분석과 설계가 필요하다. 이상의 내용을 요약하면 주 식별자를 다음과 같이 정리할 수 있다.

1. 정규화의 기준으로 일반 속성의 결정자 역할을 수행한다. 즉, 주 식별자를 기준으로 정규화가 수행된다.

2. 엔터티에서 중복이 발생하지 않는 유일한 값이 관리되어야 한다.

3. 엔터티의 개체가 증가하는 규칙을 의미한다. 이는 업무 규칙을 근간으로 정의되어야 한다.

4. 엔터티 개체의 정체성과 일맥상통하며 사실 엔터티명과 이음동의어라고 할 수 있다.

5. 관계를 갖는 주변 엔터티의 조인 경로에 영향을 준다.

6. 트랜잭션 성격의 엔터티의 경우 행위 발생의 주체와 대상이 주 식별자에 포함된다. 반대로 행위 엔터티의 주 식별자를 통해 행위의 주체 엔터티를 식별할 수 있다.

사실 식별자는 관계와 밀접하게 연결되어 있다. 다음 절을 통해 관계와 식별자에 대해 좀 더 생각해보도록 하자.

관계와 식별자, 그리고 데이터에 대한 이해

다음의 업무 규칙을 만족하는 데이터 모델에 대해 생각해보자.

1. 상품의 판매 가격을 결정하기 위한 다양한 속성 정보를 관리한다.

2. 판매 가격을 결정짓는 속성은 크게 판매 관련 속성과 계약 관련 속성으로 분류할 수 있다.

3. 판매 관련 파라미터 속성으로는 〈판매지역〉, 〈판매대상〉, 〈판매시기〉 등이 있다.

4. 계약 관련 파라미터 속성으로는 〈계약기간〉, 〈계약자신용등급〉 등이 있다.

5. 이러한 파라미터 속성들은 시시각각 추가, 삭제되는 등 가변적으로 관리되어야 한다.

6. 상품 가격 결정의 단위인 〈상품파라미터그룹〉에서는 하나 이상의 〈상품판매파라미터코드〉에 대한 값과 하나 이상의 〈상품계약파라미터코드〉에 대한 값을 그룹별로 가변적으로 관리할 수 있어야 한다.

7. 예를 들어 그룹 1은 {〈상품판매지역코드〉 '서울', 〈상품판매시기코드〉 '1사분기', 〈상품계약기간코드〉 '3년'}으로 정의하고, 그룹 2는 {〈상품판매지역코드〉 '경기', 〈상품계약자신용등급코드〉 '1등급'}으로 정의할 수 있다. 또한 그룹 3은 〈상품판매파라미터〉로 추가 등록된 〈상품판매연령대코드〉 속성을 포함하여 {〈상품판매지역코드〉 '경기', 〈상품판매연령대코드〉 '20대', 〈상품계약자신용등급코드〉 '1등급'}으로 신속히 정의할 수 있어야 한다.

단편적으로 생각해보면 모든 파라미터를 속성으로 정의하고 그룹번호를 주 식별자로 하여 [그림 17-6]과 같이 간단한 모델을 만들어볼 수 있을 것이다.

그림 17-6 모든 파라미터를 속성으로 정의

```
상품파라미터그룹
□ # 상품파라미터그룹번호
□ * 상품판매지역코드
□ * 상품판매대상코드
□ * 상품판매시기코드
□ * 상품계약기간코드
□ * 상품계약자신용등급코드
```

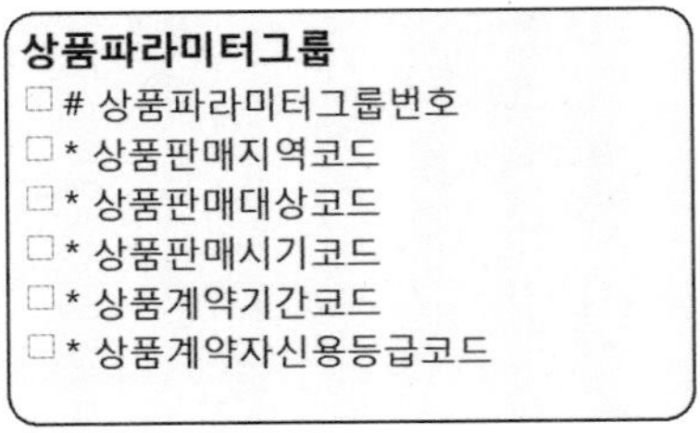

그러나 기술된 업무 규칙에서 파라미터 속성들이 가변적으로 바뀔 수 있다고 했으므로 이와 같이 속성 형태의 **구조**로 관리하기보다는 **값**으로 관리하는 쪽이 유연하다는 것을 스토리 15에서 학습한 바 있다. [그림 17-6]의 모델은 파라미터가 변경될 때마다 모델 구조와 애플리케이션 수정이 뒤따라야 하므로 파라미터가 가변적인 업무 상황을 제대로 지원할 수 없다.

관점을 값의 추가 쪽으로 전환하여 [표 17-1]과 같이 우선 상품 판매 유형별 데이터 코드 형태로 정의해보자.

표 17-1 상품 판매 파라미터 유형 코드

상품판매파라미터코드	상품판매파라미터코드명
01	판매지역
02	판매대상
03	판매시기

상품 계약 유형도 마찬가지로 가변적이므로 코드 형태로 정의한다.

표 17-2 상품 계약 파라미터 유형 코드

상품계약파라미터코드	상품계약파라미터코드명
01	계약기간
02	계약자신용등급

그렇다면 〈상품판매파라미터〉 값과 〈상품계약파라미터〉 값은 각각 어떻게 입력할 수 있을까? 〈판매지역〉과 〈계약기간〉 등이 속성으로 정의되었다면 해당 속성의 값으로 입력되겠지만, 이들도 하나의 값으로 존재하기 때문에 값에 값을 저장할 수는 없다. 이 경우는 속성에 해당하는 값과 속성에 저장될 파라미터 값을 [표 17-3], [표 17-4]와 같이 매핑을 통해 표현할 수 있다.

표 17-3 상품 판매 파라미터 매핑

상품파라미터그룹번호	상품판매파라미터코드	상품판매파라미터코드값
01	01	서울
01	02	회사원
01	03	1사분기

표 17-4 상품 계약 파라미터 매핑

상품파라미터그룹번호	상품계약파라미터코드	상품계약파라미터코드값
01	01	3년
01	02	1등급

이상의 내용을 바탕으로 모델을 작성해보면 [그림 17-7]이 만들어진다.

그림 17-7 파라미터를 값으로 관리하는 모델

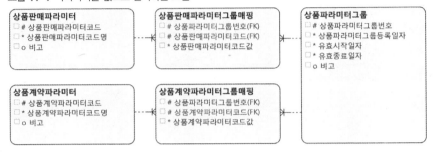

이와 같은 구조로 조직화되어 쌓인 데이터를 우리가 최종적으로 보기 원하는 뷰로 표현해보면 [표 17-5]와 같다. 표의 값은 실제로는 코드 형태로 존재할 것이다. 이해를 돕기 위해 '서울', '1사분기'와 같은 텍스트로 나타냈다.

표 17-5 최종적으로 보기 원하는 뷰

상품파라미터그룹번호	판매지역	판매대상	판매시기	계약기간	계약자신용등급
01	서울	회사원	1사분기	3년	1등급
02	경기	자영업자	1사분기	1년	4등급
03	강원	농어민	2사분기	1년	5등급

그런데 여기서 '각 속성에 우선순위를 둘 수 있어야 하며, 우선순위는 판매와 계약을 별개로, 그리고 그룹별로도 다른 순위로 관리할 수 있어야 한다'는 요구사항이 추가된다고 해보자. [그림 17-7]의 모델을 어떻게 수정해야 이 요건을 만족할 수 있을까?

우선 〈파라미터우선순위〉 속성을 [그림 17-8]과 같이 판매와 계약 파라미터 엔티티에 포함해보았다.

그림 17-8 각 파라미터 엔터티에 우선순위 속성을 추가

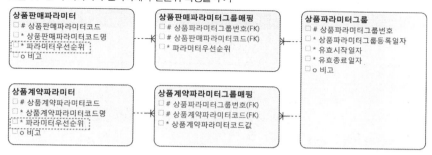

이처럼 우선순위를 속성으로 추가하는 것은 상품 판매와 상품 계약 파라미터의 메타적 우선순위를 정의하는 데 그친다. 〈판매지역〉, 〈판매대상〉 등의 컬럼 수준, 즉 구조에 대한 우선순위는 정할 수 있지만, 그룹 번호별로 파라미터들의 우선순위를 가변적으로 관리하지는 못하는 것이다. 따라서 추가된 요건을 만족하는 모델이 아님이 확인되었다.

이에 [그림 17-9]처럼 매핑 엔터티의 주 식별자 속성 그룹에 우선순위를 추가해보았다. 데이터를 시뮬레이션해보면 이 모델은 요건을 만족함을 확인할 수 있을 것이다. 그런데 한 가지 문제가 있다. 우선순위 속성이 주 식별자에 포함되어 있기 때문에 [표 17-6]처럼 동일한 파라미터가 순위를 바꿔가면서 여러 번 등장할 수도 있는 것이다. 따라서 이 역시 바람직하지 않은 구조다.

그림 17-9 매핑 엔터티의 주 식별자에 우선순위 추가

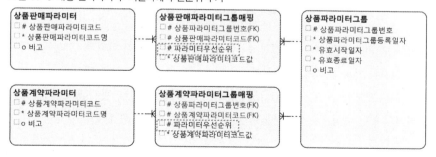

표 17-6 상품 판매 파라미터 매핑(동일 파라미터가 우선순위만 달리하여 추가되는 모습)

상품파라미터그룹번호	상품판매파라미터코드	파라미터우선순위	상품판매파라미터코드값
01	01	1	서울
01	01	2	서울
01	01	3	서울

최종 수정된 [그림 17-10]의 모델은 우선순위가 일반 속성이므로 동일한 파라미터가 중복 정의될 수 없는 구조다.

그림 17-10 매핑 엔터티의 일반 속성으로 우선순위 추가

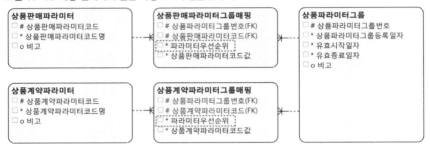

이상으로 속성의 식별자 여부와 관계 내에서의 미묘한 위치 차이에 따라 데이터가 어떻게 달라질 수 있는지 살펴보았다.

식별자 상속을 고려한 식별/비식별 관계 선정의 기준

데이터 모델링 입문자가 궁금해하고 어려워하는 대표적인 것 하나가 부모 엔터티의 주 식별자를 자식 엔터티의 주 식별자로 상속해야 하는지다. 상위 엔터티의 주 식별자가 하위 엔터티의 주 식별자로 상속된 경우를 식별identifying 관계라고 하고, 하위 엔터티의 일반 속성으로 내려간 경우를 비식별non-identifying 관계라고 한다.

주 식별자의 상속 여부는 관계되는 엔터티 간의 데이터적 종속성에 기반하여 결정해야 한다. [그림 17-11]의 〈상품〉과 〈상품가격〉 엔터티를 보면 〈상품가격〉은 데이터적으로 〈상품〉에 완전히 종속되어 있다. 〈상품가격〉 엔터티의 주 식별자는 〈상품〉

에서 상속받은 〈상품번호〉와 〈기준일자〉 속성으로 구성되어 있다. 반면 〈고객〉과 〈신용등급〉 엔터티 사이에서 〈고객〉의 현재 〈신용등급〉은 비식별 관계인 일반 속성으로 생성하는 것이 바람직하다.

그림 17-11 식별 관계(왼쪽)와 비식별 관계(오른쪽)

식별, 비식별 관계 선정의 명확한 기준을 정의해보기 전에 주 식별자와 관련된 의미 한 가지를 더 알아야 한다. 관계를 학습하면서 관계relationship는 ERD에서 관계선으로 표현되며 최종 관계 엔터티 혹은 관계 속성으로 실체화된다고 했다. 즉, 관계는 부모의 주 식별자를 의미하는 논리적 속성인 것이지 조인의 경로라고 이해해서는 곤란하다.

만약 관계를 조인의 경로라고 이해한다면 [그림 17-12]의 구조에서 엔터티 C에서 A의 속성을 참조하기 위해서는 C에서 B로, 다시 B에서 A로의 2단계 접근 경로를 거쳐야 한다고 생각할 수 있다. 그렇지만 C는 A의 주 식별자를 상속하고 있어 1단계 만으로 직접 액세스가 가능하다. 물론 B의 주 식별자가 A의 주 식별자를 상속받지 않는 비식별 관계였다면 B를 거쳐 가는 2단계 접근이 필요했을 것이다.

그림 17-12 식별 관계에 따른 접근 경로 깊이

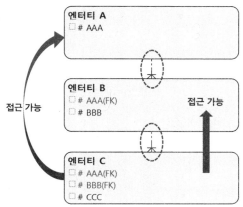

이와 같이 관계의 심도가 깊은 구조에서 주 식별자를 전략적으로 구성하면, 다시 말해 상위 엔터티의 식별자를 적절히 상속(식별 관계 처리)하면 단계를 줄여 접근 효율을 높일 수 있다. 반대로 상위의 주 식별자를 상속 단절(비식별 관계 처리)하여 인조 식별자로 대체하면 주 식별자가 단순해진다. 따라서 모델과 SQL도 함께 단순해진다. 주 식별자가 여러 개의 속성으로 구성되면 다른 엔터티들과의 관계가 복잡해지고 비효율적이 될 수 있다. 다만 이렇게 인조 식별자를 남용하면 앞서 언급한 주 식별자의 역할과 의미가 없어져서 데이터가 늘어나는 기준이 불명확해지며 구조적으로도 문제가 발생할 여지가 커짐은 항상 유념해야 한다.

만약 엔터티 B에서 주 식별자를 비식별 처리할 수밖에 없는 상황에서 C가 A를 참조해야 하는데 성능 이슈가 있을 경우, A의 주 식별자를 C의 일반 속성으로 반정규화해서 가져다 둘 수도 있다. 그렇지만 이렇게 하면 스토리 14의 캐비닛-폴더 사례에서 살펴보았듯이 데이터 무결성이 깨질 수 있는 구조적 위험이 있다. 모든 상황을 만족하는 절대적 방법은 없다. 전략적으로 선택하고 장점을 극대화하고, 그 선택의 이면에 존재할 수 있는 단점과 위험요소를 명확히 인식하고 주의해야 한다.

그렇다면 이제 식별·비식별 관계 선정의 기준을 [그림 17-13]과 같이 정리할 수 있을 것이다. 1차적으로 데이터 간의 종속성에 기반하여 이 기준을 참고하면 식별 관계 정의에 큰 어려움은 없을 것이다.

그림 17-13 식별과 비식별 선정 기준

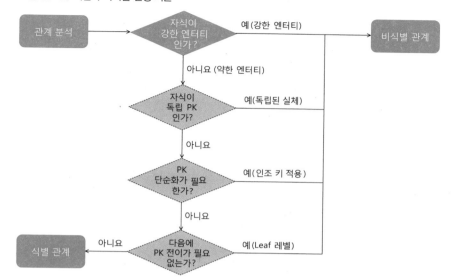

Story 18

RDBMS와 빅데이터 기술은
상호 보완하며 조화를 이룰
것이다

데이터 모델링, 감 잡았어!

시스템 오픈을 성공적으로 마친 나선임은 예약해둔 식당에 정동훈 수석과 함께 저녁
식사를 하러 왔다. 나선임은 멘토로서 데이터 모델링의 시행착오를 줄이고 몰입할
수 있도록 많은 도움을 준 정수석에게 감사의 의미로 평소 정수석이 좋아하는 만년
필을 선물로 준비했다.

> 정수석: 이번 프로젝트에 나선임 칭찬이 자자하던걸. 데이터 모델의 품질도 좋은 데다,
> 모델이 일찍 안정화되어서 애플리케이션 개발자들과 데이터 이행팀도 여러모로
> 일하기 수월했다고 들었어.

> 나한빛: 많은 것을 배우고 느낀 시간이었습니다. 처음 해보는 모델링 작업이라 불안함
> 도 고생도 많았지만, 스스로 많이 성장했다는 느낌, 성취했다는 자긍심으로 가
> 슴이 뿌듯해졌어요. 막연히 어렵게만 생각했던 데이터 모델링에 대해 많은 걸
> 깨달은 것 같아요. 수석님의 가르침이 무엇보다 큰 도움이 됐습니다. 다시 한
> 번 진심으로 감사드립니다.

정수석: 너무 힘들어 할 때는 보기 안쓰러웠는데, 그래도 스스로 많이 성장했다니 오히려 내가 더 기쁘군. 그래, 깨달음을 얻었다는데 첫 모델링 프로젝트를 마친 지금, 나선임은 데이터 모델링이 무엇이라고 생각하는지, 어떤 깨달음을 얻었는지 궁금하군.

나한빛: 데이터의 관련성을 중심으로 정보를 집약하고 분리하는 것, 그리고 분리된 구조에 데이터를 담는 과정이 데이터 모델링이라고 정리했어요.

정수석: 정보를 분리해야만 하는 이유가 무엇이라고 생각하지?

나한빛: 연관성 없는 이질적인 데이터가 혼재될 경우 데이터가 중복되기 쉬워요. 중복된 데이터는 쉽게 정합성이 깨지는 등 결국 데이터의 정확성을 담보하기 어렵게 되어 다양한 데이터 이상 현상data anomaly이 발생하고요.

정수석: 그렇지! 데이터 모델링의 최종 목표는 나선임이 말한 것처럼 업무 데이터의 정확성과 일관성을 수호하는 것이라고 봐야 해. 데이터의 정확성과 일관성을 지키고 보증하는 것을 모델링의 언어로는 데이터 무결성data integrity이라고 하잖아.

나한빛: 모든 데이터는 개체에 대한 데이터와 개체 사이의 관계에 대한 데이터로 모델링될 수 있다는 생각이 어느 순간 들더라고요. 모델링도 결국 생각하는 과정인데, 저도 고민하는 과정에서 그런 깨달음이 온 것 같아요.

정수석: 그분이 다녀가셨군. 하하. 나선임이 어떤 느낌을 말하는지 알 것 같아. 깨달음의 순간이 지나고 현장 경험과 고민의 시간이 누적되면 또 한 단계 성장하게 되더라고. 나도 비슷한 경험을 했지. 결국 데이터 모델은 내 정보는 내가 집약해서 갖고, 나에게 없는 남의 정보는 관계를 통해 필요할 때 찾아서 원하는 뷰를 만들어내는 구조인 거지.

나한빛: 동질의 유형을 개체로 식별하고 업무는 관련 개체 사이의 관계로 표현한다는 것이 핵심이라는 수석님 말씀을 이제는 정확히 이해하게 되었어요. 더불어 개체를 식별하고 정의하는 것이 가장 중요하고 어려운 일이며, 그 이론적 기준과 방법이 정규화라는 것도요.

정수석: 개체로 모델링되는 대상 중 기업이나 조직 활동의 근간을 이루는 본질적인 주요 데이터를 마스터 데이터라고 했지. 데이터 모델 계층구조에서 최상위에 위치하게 되고. 모델러는 데이터를 잘 분류할 수 있어야 하는데, 특히 이러한 마스터 성격의 상위 데이터를 잘 볼 줄 알아야 한다는 것도 이제는 머리가 아닌 가슴으로 공감할 수 있겠지?

나한빛: 네. 이제는 업무 거래 데이터보다는 거래를 발생시키는 원인이 되는 고객, 상품, 계약, 계정 등의 데이터에 관심이 많이 가요. 이 녀석들을 기준 정보로 제대로 정의하고 구조화해야 하위의 거래와 같은 트랜잭션 데이터들이 올바른 자리에 들어올 수 있다는 걸, 그리고 그것이 무엇보다 중요하다는 것을 프로젝트를 통해서 실감했어요. 이제는 핵심 데이터들을 어떻게 통합하고 공유할지 등에 대해 더 고민해보고 싶어요.

정수석: 나선임 얘기를 들으니 그동안 고민을 진짜 많이 했고, 정말 한 단계 성장한 게 느껴지는데. 이거 내가 다 뿌듯한데. 하하. 자 식사 하자고~

하둡, NoSQL, 몽고디비... 얘들은 다 뭐야?

나한빛: 수석님. 제 주변에는 NoSQL과 하둡 기반의 신기술이 쏟아지는 지금 시점에 새삼스럽게 관계형 데이터 모델링이냐는 사람들도 제법 있더라고요. 정수석님은 빅데이터에 대해 어떻게 생각하고 계신지 궁금해요.

정수석: 신기술을 볼 때 나는 항상 역사와 맥락을 이해하려고 해. 무슨 얘기냐면 어느 날 갑자기 새롭게 뚝 떨어지는 기술이란 없다는 거지. 기존에 뭐가 불편해서, 기존 기술의 한계는 무엇이었기에 이런 게 나왔을까라는 기술의 맥락과 동향을 살펴보면 새로운 걸 이해하기가 훨씬 쉬워지지.

나한빛: 기술의 맥락과 동향이라...

정수석: 신기술 하나를 제대로 설명하려면 책 한 권은 기본인데, 기술이 움직여 가는 방향에 대한 이해가 없다면 금세 그 규모에 압도당하고 질려버릴 거야. 그렇지만 큰 맥락에서 바라본다면 신기술은 그저 IT잡지에 실린 2페이지 분량의 기사 정도에 불과할 수도 있다고 생각하거든. 그런 면에서 빅데이터가 과연 신기술이냐라는 것 자체도 논쟁의 여지가 많다고 생각해. 그럼에도 불구하고 빅데이터 덕분에 **데이터의 중요성**이 재조명되고 있는 요즘 분위기는 분명 고무적이라고 생각해.

나한빛: 흠... 말씀을 듣고 보니 빅데이터와 함께 요즘 자주 언급되는 데이터 분석 기법들도 어찌 보면 과거의 기술들과 크게 다르지 않은 것도 같네요.

정수석: 응. 그렇지만 과거와 비교할 때 분명히 달라진 게 몇 가지 있지. 예를 들어 이전까지 데이터 관리의 주 대상이 정형 데이터였다면, 이제는 기존의 관계형 데이터베이스로 처리하기가 쉽지 않은 비정형 데이터 처리에 관심이 증폭되고 있고, 또 비정형 데이터는 대부분 볼륨이 큰 대용량이라는 것이 핵심이지.

나한빛: 수석님. 좀 창피한 질문인 것 같은데요, 비정형 데이터가 뭔가요?

정수석: 창피하긴. 모르는 걸 모른다고 얘기하는 건 용기 있는 행동이지. 나선임이 이번 프로젝트에서 다룬 데이터들은 대부분 RDBMS가 처리할 수 있는 정형화된 숫자나 문자로 표현이 가능한 데이터들이잖아. 반면 'Unstructured', 즉 비정형

데이터는 RDBMS의 기능으로는 저장하고 검색하고 분석하기 쉽지 않은 데이터들을 말하지. 음성, 이미지, 웹상의 다양한 채널에서 발생하는 데이터, 멀티미디어 콘텐츠까지 포괄하는 의미로 이해하면 무리가 없을 거야.

🧑 나한빛: 그렇다면 더 궁금해지는 게 있는데요... 말씀하신 다양한 비정형 데이터를 포함하여 방대한 데이터를 처리하고 분석하는 게 최근 화두가 되고 있는 이유가 뭐죠? 과거에도 똑같이 빅데이터의 처리에 대한 요구는 있었을 것 같은데요.

🧑 정수석: 좋은 질문이야. 분석 가능한 데이터의 스펙트럼과 볼륨이 분명 달라졌기 때문에 사회적으로 관심의 대상이 되기 시작하는 건데, 과거에는 비용과 기술적 한계 때문에 엄두조차 내지 못했던 것들이 **빅데이터 처리 기술**이 발전하면서 가능하게 된 거지. 처리할 수 없는 데이터는 아무리 가치가 있어도 그 가치를 활용할 수 없잖아. 나는 빅데이터 처리 기술의 핵심은 **분산 처리**와 **분석 기법**에 있다고 생각해.

🧑 나한빛: 분산 처리라면... 하둡이라고 들어본 것 같네요.

🧑 정수석: 들어봤군. 엄청나게 많은 대량의 데이터를 거의 실시간으로 처리하려면 하나의 서버로는 당연히 불가능하겠지. 수백, 수천 대의 서버를 연결해서 마치 하나의 서버에서 처리되는 것처럼 데이터를 분산 처리할 수 있는 기반 기술이 필요한데, 하둡이 가장 대표적인 분산 파일시스템이라고 할 수 있지.

🧑 나한빛: 아! 분산 처리 기술이 발전해서 그전보다 훨씬 큰 볼륨의 데이터를 처리할 수 있게 된 거군요. 그래서 자연스럽게 정형 데이터에서 차츰 비정형 데이터에까지 관심이 이동하게 된 거고요.

🧑 정수석: 그렇지. 거기서 더 나아가다 보니 정형 데이터의 분석처럼 비정형 데이터도 분석하고 검색하려는 요구가 증폭된 거고, 텍스트 분석과 정보 검색에서 퍼지 매칭fuzzy matching과 같은 패턴 검색 기술은 앞으로도 계속 발전하게 될 것 같아. 심지어는 통화 내용을 음성 파일로 저장해서 특정 패턴과 키워드를 찾아내는 것도 조만간 가능해질 거야.

🧑 나한빛: 이제 빅데이터에 대해 감이 좀 잡히네요.

정수석: 데이터 모델링에 대해 설명할 때도 말했지만, 개별 대상에만 집중하면 개념을 이해하기가 어려워. 전체 맥락과 선후 관계 등을 살펴보면 좀 더 쉬워지지.

나한빛: 정말 그러네요. 그렇다면 수석님. NoSQL은 더 이상 SQL을 쓸 필요 없다는 맥락의 신기술일까요?

정수석: 하하. 나선임, 절대 그렇진 않아. NoSQL의 No는 Yes/No의 No가 아니라네. Not only의 약자지. 물론 기원은 그렇지 않지만 NoSQL 시스템 중에 SQL 형태의 언어를 지원하는 경우도 다수 있으니 현실적으론 Not only가 된 것이나 다름없지. 말이 나온 김에 빅데이터 기술이 기존 RDBMS 기술을 모두 대체하게 될까? 나선임은 어떻게 생각하나?

나한빛: 흠... 잘 모르겠어요. 관계형 데이터 모델링에 대해 이제 막 감을 잡았는데, 이제 이거 몽땅 필요 없는 구닥다리 기술이 되는 건 아닌지 걱정되네요. 뭐 하나 배우기 무섭게 새로운 기술이 나오고... IT는 정말 힘드네요.

정수석: 하하. 우리 후식으로 커피 한 잔 하면서 기술들의 미래에 대해 조금 더 얘기해 볼까. 커피는 내가 사지. 요 앞에 새로 생긴 카페가 있는데 커피 맛이 기가 막히더라고.

관계형 데이터베이스 기술과 빅데이터 기술

정수석: 아까 NoSQL 얘기하다 말았는데, 개념에 대해 조금 설명해줄게. NoSQL은 다양한 유형의 데이터를 처리할 수 있는 비교적 가벼운 데이터베이스들을 포괄하는 이름이야. 오픈 소스 진영에서 기술을 주도하고 있지.

나한빛: 기존의 관계형 데이터베이스와는 무엇이 다른가요?

정수석: NoSQL이라 해도 관계형 데이터베이스의 기본 구조를 따르고 또 SQL을 사용할 수도 있어. 그렇지만 관계형 데이터베이스의 엄격한 데이터 무결성 규칙을 따르진 않지. 게다가 구조에 대한 정의 없이 동작할 수 있어서 데이터베이스 레코드에 필드를 자유롭게 추가할 수도 있지.

나한빛: 아! 전에 설명해주신 상품과 상품주문에서처럼 참조무결성이 중요한 영역에는 적합하지 않겠군요. 그렇다면 기본 키로 정의되는 개체의 무결성과 같은 엄격함이 필요 없는 데이터 관리에 주로 사용되겠네요?

정수석: 그렇지. 데이터의 정확성과 일관성이 엄격하게 요구되지는 않지만, 대용량 처리를 위해 클러스터에서 잘 작동하는 그런 용도로 등장한 기술이야. 카산드라, 몽고디비 같은 이름을 한 번쯤 들어봤을 거야.

나한빛: 네, 들어봤어요. 걔네들이 그런 성격의 기술이었군요. 이야... 이거 그동안 굳건하던 관계형 데이터베이스 시대의 종말이 이제 시작되는 건가요?

정수석: 내가 말하고 싶었던 게 바로 그 지점인데 말이야. 주변에서도 의외로 많은 사람이 오해하고 있는데, 빅데이터가 기존 RDBMS를 대체하고자 도입된 개념은 아니야. 빅데이터 기술이 주목받고는 있지만, 정확성과 일관성이 보장되어야 하는 업무 데이터 처리에는 분명한 한계를 가질 수밖에 없다는 거지. 애초 설계 목표부터가 그러니깐. 그래서 정확한 값으로 완전한 수명 주기를 가지고 보관해야 하는 데이터는 비용이 들더라도 RDBMS에 저장할 수밖에 없다는 거야. RDBMS는 무결성을 지키고 정확한 데이터를 관리하도록 구조적으로 최적화되어 있기 때문이지.

나한빛: 그렇다면 빅데이터 기술을 반드시 도입해야 하는 회사는 많지 않을 수도 있겠네요.

정수석: 그렇지. 일반적인 기업에 축적된 데이터는 대부분 구조화된 정형 데이터고, 데이터는 당연히 정확해야 하니까... 사실 현업에서는 응답 속도가 느린 정보시스템에는 다소 불만이 있을 수는 있지만, 부정확한 데이터를 보여주는 시스템은 견뎌내질 못하지.

나한빛: 아! 그렇다면 하둡 기반의 기술은 그동안 견고하게 안정화되어 있던 RDBMS 시장을 뒤흔든다기보다는 굳이 RDB를 사용할 필요가 없는 대용량 데이터의 관리 용도로 활용할 수 있겠네요.

정수석: 응. 나도 나선임이 얘기한 것과 비슷하게 생각하고 있어. 두 영역의 기술은 각자의 영역에서 상호보완적인 조화를 이루며 발전해나갈 것이라고 예상되는군. TV가 보급될 무렵 사람들은 영화관이 모두 없어질 것이라 예상했다는 건 알고 있지? 하지만 영화 산업은 굳건히 자리를 지키고 있고, 오히려 두 영역은 서로의 취약한 부분을 보완하면서 발전해온 것처럼 말이지.

나한빛: 관계형 데이터베이스가 필요하면 관계형 데이터베이스를 사용하면 되고, 적합하지 않으면 굳이 관계형 데이터베이스에 얽매이지 말고 용도에 맞는 데이터 저장소를 사용하면 된다고 정리하면 되겠네요. 수석님 덕분에 데이터베이스의 미래도 짐작해볼 수 있는 안목이 생긴 것 같습니다. 하하.

두 사람의 대화는 빅데이터와 프로젝트 방법론을 거쳐 직업윤리, 삶의 궁극적 목표, 가치와 같은 인생사로 결을 조금 달리해서 한 시간 남짓 더 이어졌다. 대화의 온도는 언제나처럼 따뜻하고 분위기는 포근했다. 나선임은 카페를 나서기 전에 준비했던 만년필을 정수석에게 선물하며 훗날 자신도 누군가에게 정수석과 같은 멘토가 되고 싶다고 정수석에게 그리고 자기 자신에게 낮은 목소리로 말했다.

참고문헌

- 『데이터 아키텍처 솔루션 1』(이화식 지음, 엔코아, 2003)
- 『글로벌 스텐더드 데이터 모델』(이화식 지음, 엔코아, 비매품)
- 『관계형 데이터 모델링 노트』(김기창 지음, 오픈메이드, 2014)
- 『애자일 데이터 웨어하우스 디자인』(장효성 옮김, 비제이퍼블릭, 2014)
- 『데이터 웨어하우스 멘토』(장효성 옮김, 비제이퍼블릭, 2013)
- 『아는 만큼 보이는 데이터베이스 설계와 구축』(이춘식 지음, 한빛미디어, 2008)
- 『데이터 모델 리소스 북 Vol.3』(박경호, 장현주 등 옮김, 지앤선, 2012)
- 『Data Model Patterns』(David C. Hay 지음, Dorset House, 2011)
- 『전문가를 위한 데이터 모델링 실무』(정기원 등 지음, 브레인코리아, 2004)
- 『일반 관리자를 위한 데이터 관리 및 활용 전략』(이춘열, 황철현 지음, 컴원미디어, 2014)
- 『NoSQL』(윤성준 옮김, 인사이트, 2013)

- 『인간, 조직, 권력 그리고 어느 SW 엔지니어의 변』(이종국 지음, 인사이트, 2011)
- 『지적 대화를 위한 넓고 얕은 지식』(채사장 저, 한빛비즈, 2014)
- 『생각의 지도』(최인철 옮김, 김영사, 2004)
- 『철학이 필요한 시간』(강신주 지음, 사계절, 2011)
- 『세상물정의 사회학』(노명우 지음, 사계절, 2013)
- 『나는 나를 어떻게 할 것인가』(김동조 지음, 김영사, 2015)

- www.dbguide.net
- www.dator.co.kr

찾아보기